Recetas de tempeh y seitán para cada comida

100 recetas abundantes y ricas en proteínas para una cocina vegana llena de sabor

Samuel Roman

© Copyright 2024 - Todos los derechos reservados.

El libro que se reproduce a continuación se presenta con el objetivo de proporcionar información lo más precisa y confiable posible. No obstante, la compra de este libro puede considerarse como un consentimiento al hecho de que tanto el editor como el autor de este libro no son de ninguna manera expertos en los temas tratados en el mismo y que cualquier recomendación o sugerencia que se haga en el mismo es solo para fines de entretenimiento. Se debe consultar a profesionales según sea necesario antes de emprender cualquiera de las acciones que se recomiendan en el presente.

Esta declaración es considerada justa y válida tanto por la Asociación Americana de Abogados como por el Comité de la Asociación de Editores y es legalmente vinculante en todo Estados Unidos.

Además, la transmisión, duplicación o reproducción de cualquiera de las siguientes obras, incluida información específica, se considerará un acto ilegal, independientemente de si se realiza de forma electrónica o impresa. Esto se extiende a la creación de una copia secundaria o terciaria de la obra o una copia grabada y solo se permite con el consentimiento expreso por escrito del editor. Todos los derechos adicionales reservados.

La información contenida en las siguientes páginas se considera, en términos generales, un relato veraz y preciso de los hechos y, como tal, cualquier descuido, uso o mal uso de la información en cuestión por parte del lector hará que las acciones resultantes sean de su exclusiva responsabilidad. No existen situaciones en las que el editor o el autor original de esta obra puedan ser considerados responsables de ninguna manera de las dificultades o daños que puedan sufrir después de haber utilizado la información descrita en este documento.

Además, la información contenida en las siguientes páginas tiene un carácter meramente informativo y, por lo tanto, debe considerarse de carácter general. Como corresponde a su naturaleza, se presenta sin garantías sobre su validez prolongada o su calidad provisional. Las marcas comerciales mencionadas se mencionan sin consentimiento escrito y en ningún caso pueden considerarse una aprobación por parte del titular de la marca.

Resumen

INTRODUCCIÓN..8

1. Tofu con salsa de ostras...10
2. Tofu frito...12
3. Tofu fermentado con espinacas......................................13
4. Tofu guisado..15
5. Fideos chinos en salsa de maní y sésamo........................17
6. Fideos mandarines...19
7. Tofu con salsa de frijoles y fideos..................................21
8. Tofu Relleno De Camarones...23
9. Tofu con verduras de Sichuan......................................25
10. Tofu estofado con tres verduras..................................27
11. Triángulos de tofu rellenos de cerdo............................29
12. Panqueques de arándanos con almíbar........................31
13. Tofu glaseado con soja...33
15. Tofu crujiente con salsa de alcaparras chispeante............37
16. Tofu frito al estilo campestre con salsa dorada..............39
17. Tofu y espárragos glaseados con naranja......................41
18. Pizzaiola de tofu..43
19. Tofu "Ka-Pow"...45
20. Tofu al estilo siciliano..47
21. Salteado de phoon tailandés.......................................49
22. Tofu al horno pintado con chipotle..............................51
23. Tofu a la parrilla con glaseado de tamarindo.................53
24. Tofu Relleno De Berros...55
25. Tofu con pistacho y granada.......................................57
26. Tofu de la isla de las especias....................................59
27. Tofu con jengibre y salsa hoisin y cítricos....................61
28. Tofu con limoncillo y guisantes...................................63
29. Tofu con doble sésamo y salsa tahini..........................65

30. Guiso de tofu y edamame..67
31. Chuletas de ensueño con salsa de soja..............................69
32. Mi tipo de pastel de carne...71
33. Tostada francesa con mucho sabor a vainilla....................73
34. Pasta para untar de sésamo y soja para el desayuno.........75
35. Radiatore con salsa Aurora...76
36. Lasaña clásica de tofu..78
37. Lasaña de acelgas rojas y espinacas...................................80
38. Lasaña de verduras asadas..83
40. Lasaña Primavera..87
41. Lasaña de frijoles negros y calabaza..................................90
42. Manicotti relleno de acelga...92
44. Rollitos de lasaña..96
45. Raviolis de calabaza con guisantes.....................................98
46. Raviolis de alcachofas y nueces..101
47. Tortellini con salsa de naranja..104
48. Lo mein de verduras con tofu...106
49. Pad Thai..109
50. Espaguetis borrachos con tofu..111

TEMPLE..113

51. Espaguetis estilo carbonara..114
51. Tempeh y verduras salteadas..116
52. Tempeh teriyaki...118
53. Tempeh a la parrilla..120
54. Tempeh con naranja y bourbon..122
55. Tempeh y batatas...124
56. Tempeh criollo..126
57. Tempeh con limón y alcaparras..128
58. Tempeh con glaseado de arce y balsámico......................130
59. Tentador chili de tempeh..132

60. Tempeh al cazador..................................134
61. Tempeh indonesio en salsa de coco................136
62. Tempeh con jengibre y maní......................138
63. Tempeh con patatas y repollo....................140
64. Estofado de succotash sureño...................142
65. Cazuela de jambalaya al horno..................144
66. Pastel de tempeh y batata......................146
67. Pasta rellena de berenjenas y tempeh...........148
68. Fideos de Singapur con tempeh.................151
69. Tocino de tempeh...............................154
70. Espaguetis y T-Balls...........................155
71. Paglia E Fieno con guisantes...................158

SEITA N..160

72. Seitán básico cocido a fuego lento.............161
73. Seitán asado al horno relleno..................163
74. Seitán estofado................................166
75. Cena de Acción de Gracias casi de un solo plato.........168
76. Milanesa de seitán con panko y limón..........170
77. Seitán con costra de sésamo...................171
78. Seitán con alcachofas y aceitunas.............173
79. Seitán con salsa de ancho y chipotle..........175
80. Seitán Piccata.................................177
81. Seitán de tres semillas........................179
82. Fajitas sin fronteras..........................181
83. Seitán con salsa de manzana verde.............183
84. Salteado de seitán, brócoli y shiitake........185
85. Brochetas de seitán con melocotones...........187
86. Brochetas de seitán y verduras a la parrilla..........189
87. Seitán en costra...............................191
88. Torta de seitán y patata.......................193

89. Pastel rústico de campo..195
90. Seitán con espinacas y tomates......................................197
91. Seitán y patatas gratinadas...199
92. Fideos salteados al estilo coreano.................................201
93. Chile de frijoles rojos con especias jerk.........................203
94. Estofado de otoño..205
95. Arroz italiano con seitán..207
96. Hash de dos papas..209
97. Enchiladas de seitán y crema agria................................211
98. Seitán asado relleno vegano..215
100. Sándwich de seitán cubano..218

CONCLUSIÓN..221

INTRODUCCIÓN

Si buscas mezclar tus fuentes de proteínas con potentes ingredientes vegetales, no busques más que el tofu, una opción vegana o vegetariana fácil de cocinar. El tofu es flexible en cuanto a su cocción, ya que viene en una variedad de texturas (según la cantidad de agua que se extraiga) y es bastante suave. Como es relativamente insípido, combina bien con otros sabores sin competir con ellos.

El tofu, también conocido como tofu, es un alimento que se prepara coagulando la leche de soja y luego prensando la cuajada resultante hasta formar bloques blancos sólidos de suavidad variable; puede ser sedoso, suave, firme, extra firme o súper firme. Más allá de estas amplias categorías, existen muchas variedades de tofu. Tiene un sabor sutil, por lo que se puede utilizar en platos salados y dulces. A menudo se condimenta o se marina para que se adapte al plato y sus sabores, y debido a su textura esponjosa absorbe bien los sabores.

Si nunca has trabajado con tofu, cocinarlo puede resultar abrumador. Pero una vez que aprendas un poco sobre el tema, ¡prepararlo bien no podría ser más fácil! A continuación, encontrarás las recetas más deliciosas y fáciles para que cocines como un profesional.

Consejos sencillos para cocinar tofu:

- Asegúrate de seleccionar la textura adecuada. En los supermercados, la textura varía desde sedosa a firme y extra firme. El tofu suave y sedoso sería mi elección para mezclarlo en postres o cortarlo en rodajas para hacer sopa de miso, pero si lo vas a servir como plato principal o lo vas a poner encima de tazones, lo que necesitarás será extra firme. Tiene una textura más densa y sustanciosa y menos contenido de agua que otros tipos de tofu. Nota: prefiero comprar tofu orgánico elaborado sin soja modificada genéticamente.

- Presiónelo. El tofu contiene mucha agua y deberá exprimir la mayor parte, especialmente si lo va a hornear, asar o freír. Las prensas para tofu están disponibles en las tiendas, pero no es necesario tener una. Puede usar una pila de libros o simplemente hacer lo que yo hago y usar las manos para presionarlo suavemente sobre un paño de cocina o toallas de papel. (¡Solo asegúrese de no presionar demasiado o se desmoronará!)

- Condiméntalo. Hay una razón por la que el tofu recibe críticas por ser insípido, ¡y es porque lo es! Asegúrate de condimentarlo bien. Puedes marinarlo o prepararlo usando una receta de tofu crujiente al horno.

1. Tofu con salsa de ostras

- 8 onzas de tofu
- 4 onzas de champiñones frescos 6 cebollas verdes
- 3 tallos de apio
- pimiento rojo o verde
- cucharadas de aceite vegetal 1/2 taza de agua
- cucharada de maicena
- cucharadas de salsa de ostras 4 cucharaditas de jerez seco
- 4 cucharaditas de salsa de soja

Corte el tofu en cubos de 1/2 pulgada. Limpie los hongos y córtelos en rodajas. Corte las cebollas en trozos de 1 pulgada. Corte el apio en rodajas diagonales de 1/2 pulgada. Retire las semillas del pimiento y córtelo en trozos de 1/2 pulgada.

Calienta 1 cucharada de aceite en un wok a fuego alto. Cocina el tofu en el aceite, revolviendo suavemente, hasta que adquiera un color marrón claro, durante 3 minutos. Retíralo de la sartén.

Calienta la cucharada de aceite restante en un wok a fuego alto. Agrega los hongos, las cebollas, el apio y el pimiento. Saltea durante 1 minuto.

Devuelva el tofu al wok. Mezcle suavemente. Mezcle el agua, la maicena, la salsa de ostras, el jerez y la salsa de soja. Vierta la mezcla sobre el wok. Cocine y

Remueve hasta que hierva el líquido. Cocina y revuelve durante 1 minuto más.

2. Tofu frito

- 1 bloque de tofu firme
- ¼ taza de maicena
- 4–5 tazas de aceite para freír

Escurre el tofu y córtalo en cubos. Cúbrelo con la maicena.

Añade aceite a un wok precalentado y caliéntalo a 350 °F. Cuando el aceite esté caliente, agrega los cuadrados de tofu y fríelos hasta que se doren. Escurre sobre toallas de papel.

Rinde 2¾ tazas

Este batido sabroso y nutritivo es ideal para el desayuno o la merienda. Para darle más sabor, agrégale frutos rojos de temporada.

3. **Tofu fermentado con espinacas**

- 5 tazas de hojas de espinaca
- 4 cubos de tofu fermentado con chiles
- Una pizca de polvo de cinco especias (menos de ⅛ una cucharadita)
- 2 cucharadas de aceite para saltear
- 2 dientes de ajo picados

Blanquear las espinacas sumergiendo brevemente las hojas en agua hirviendo. Escurrirlas bien.

Tritura los cubos de tofu fermentado y mézclalos con el polvo de cinco especias.

Añade aceite a un wok o sartén precalentado. Cuando el aceite esté caliente, añade el ajo y saltea brevemente hasta que desprenda su aroma. Añade las espinacas y saltea durante 1 o 2 minutos. Añade el puré de tofu en el centro del wok y mézclalo con las espinacas. Cocina y sirve caliente.

4. Tofu guisado

- 1 libra de carne de res
- 4 hongos secos
- 8 onzas de tofu prensado
- 1 taza de salsa de soja ligera
- ¼ taza de salsa de soja oscura
- ¼ de taza de vino de arroz chino o jerez seco
- 2 cucharadas de aceite para saltear
- 2 rodajas de jengibre
- 2 dientes de ajo picados
- 2 tazas de agua
- 1 anís estrellado

Corte la carne en rodajas finas. Sumerja los hongos secos en agua caliente durante al menos 20 minutos para que se ablanden. Escurra suavemente para eliminar el exceso de agua y corte en rodajas.

Corte el tofu en cubos de ½ pulgada. Combine la salsa de soja clara, la salsa de soja oscura, el vino de arroz Konjac, el blanco y el marrón y reserve.

Añade aceite a un wok o sartén precalentado. Cuando el aceite esté caliente, añade las rodajas de jengibre y el ajo y saltea brevemente hasta que desprendan su aroma. Añade la carne y cocina hasta que se dore. Antes de que la carne termine de cocinarse, añade los cubos de tofu y fríelos brevemente.

Añade la salsa y 2 tazas de agua. Añade el anís estrellado. Deja que hierva, luego baja el fuego y cocina a fuego lento. Después de 1 hora, añade los hongos secos. Cocina a fuego lento durante otros 30 minutos o hasta que el líquido se reduzca. Si lo deseas, retira el anís estrellado antes de servir.

5. Fideos chinos en salsa de maní y sésamo

- 1 libra de fideos estilo chino
- 2 cucharadas de aceite de sésamo oscuro

VENDAJE:
- 6 cucharadas de mantequilla de maní 1/4 taza de agua
- 3 cucharadas de salsa de soja clara 6 cucharadas de salsa de soja oscura
- 6 cucharadas de tahini (pasta de sésamo)
- 1/2 taza de aceite de sésamo oscuro 2 cucharadas de jerez
- 4 cucharaditas de vinagre de vino de arroz 1/4 taza de miel
- 4 dientes de ajo medianos, picados
- 2 cucharaditas de jengibre fresco picado
- 2-3 cucharadas de aceite de pimiento picante (o la cantidad que prefiera) 1/2 taza de agua caliente

Combine las hojuelas de pimiento rojo picante y el aceite en una cacerola a fuego medio. Lleve a ebullición y apague el fuego inmediatamente. Deje enfriar. Cuélelo en un recipiente de vidrio pequeño que se pueda sellar. Refrigere.

GUARNACIÓN:

- 1 zanahoria pelada
- 1/2 pepino mediano firme, pelado, sin semillas y cortado en juliana 1/2 taza de maní tostado, picado grueso
- 2 cebollas verdes, cortadas en rodajas finas

Cocine los fideos en una olla grande con agua hirviendo a fuego medio. Cocine hasta que estén apenas tiernos y aún firmes. Escurra inmediatamente y enjuague con agua fría hasta que se enfríen. Escurra bien y mezcle los fideos con (2 cucharadas) de aceite de sésamo oscuro para que no se peguen entre sí.

PARA EL ADEREZO: combine todos los ingredientes excepto el agua caliente en una licuadora y licue hasta que quede una mezcla homogénea. Diluya con agua caliente hasta obtener una consistencia de crema batida.

Para decorar, pele la pulpa de la zanahoria en rodajas cortas de aproximadamente 10 cm de largo. Colóquelas en agua helada durante 30 minutos para que se enrollen. Justo antes de servir, mezcle los fideos con la salsa. Adorne con pepino, maní, cebolla verde y tiras de zanahoria. Sirva frío o a temperatura ambiente.

6. Fideos mandarines

- hongos chinos secos
- 1/2 libra de fideos chinos frescos 1/4 taza de aceite de maní
- cucharada de salsa hoisin 1 cucharada de salsa de frijoles
- cucharadas de vino de arroz o jerez seco 3 cucharadas de salsa de soja ligera
- o miel
- 1/2 taza de líquido de remojo reservado para los hongos 1 cucharadita de pasta de chile
- 1 cucharada de maicena
- 1/2 pimiento rojo en cubos de 1/2 pulgada
- 1/2 lata de 8 onzas de brotes de bambú enteros, cortados en cubos de 1/2 pulgada, enjuagados y escurridos 2 tazas de brotes de soja
- Cebolleta cortada en rodajas finas

Remoje los hongos chinos en 1 1/4 tazas de agua caliente durante 30 minutos. Mientras están en remojo, hierva 4 cuartos de galón de agua y cocine los fideos durante 3 minutos. Escúrralos y mézclelos con 1 cucharada de aceite de maní; reserve.

Retire los hongos; cuélelos y reserve 1/2 taza del líquido de remojo para la salsa. Triture y deseche los tallos de los hongos; pique los sombreros en trozos grandes y reserve.

Combine los ingredientes de la salsa en un tazón pequeño; reserve. Disuelva la maicena en 2 cucharadas de agua fría; reserve.

Coloque el wok a fuego medio-alto. Cuando comience a humear, agregue las 3 cucharadas restantes de aceite de maní, luego los hongos, el pimiento rojo, los brotes de bambú y los brotes de soja. Saltee durante 2 minutos.

Revuelve la salsa y agrégala al wok. Continúa salteando hasta que la mezcla comience a hervir, aproximadamente 30 segundos.

Mezcla la maicena disuelta y añádela al wok. Sigue revolviendo hasta que la salsa espese, aproximadamente 1 minuto. Añade los fideos y revuelve hasta que estén bien calientes, aproximadamente 2 minutos.

Pasar a una fuente para servir y espolvorear con la cebolleta cortada en rodajas. Servir inmediatamente.

7. Tofu con salsa de frijoles y fideos

- 8 onzas de fideos frescos estilo Pekín
- 1 bloque de tofu firme de 12 onzas
- 3 tallos grandes de pak choi y 2 cebollas verdes
- ⅓ taza de salsa de soja oscura
- 2 cucharadas de salsa de frijoles negros
- 2 cucharaditas de vino de arroz chino o jerez seco
- 2 cucharaditas de vinagre de arroz negro
- ¼ cucharadita de sal
- ¼ de cucharadita de pasta de chile con ajo
- 1 cucharadita de aceite de chile picante (página 23)
- ¼ de cucharadita de aceite de sésamo

- ½ taza de agua
- 2 cucharadas de aceite para saltear
- 2 rodajas de jengibre picadas
- 2 dientes de ajo picados
- ¼ de cebolla roja picada

Cocine los fideos en agua hirviendo hasta que estén tiernos. Escúrralos bien. Escurra el tofu y córtelo en cubos. Hierva el bok choy sumergiéndolo brevemente en agua hirviendo y escurriéndolo bien. Separe los tallos y las hojas. Corte las cebollas verdes en diagonal en rodajas de 1 pulgada. Combine la salsa de soja oscura, la salsa de frijoles negros, el vino de arroz Konjac, el vinagre de arroz negro, la sal, la pasta de chile con ajo, el aceite de chile picante, el aceite de sésamo y el agua. Deje de lado.

Añade aceite a un wok o sartén precalentado. Cuando el aceite esté caliente, añade el jengibre, el ajo y las cebollas verdes. Saltea brevemente hasta que desprendan su aroma. Añade la cebolla roja y saltea brevemente. Empuja hacia los lados y añade los tallos de bok choy. Añade las hojas y saltea hasta que el bok choy tenga un color verde brillante y la cebolla esté tierna. Si lo deseas, condimenta con ¼ de cucharadita de sal.

Añade la salsa en el centro del wok y deja que hierva. Añade el tofu. Deja hervir a fuego lento durante unos minutos para que el tofu absorba la salsa. Añade los fideos. Mezcla todo y sirve caliente.

8. Tofu Relleno De Camarones

- ½ libra de tofu firme
- 2 onzas de camarones cocidos, pelados y desvenados
- ⅛ cucharadita de sal
- Pimienta al gusto
- ¼ cucharadita de maicena
- ½ taza de caldo de pollo
- ½ cucharadita de vino de arroz chino o jerez seco
- ¼ taza de agua
- 2 cucharadas de salsa de ostras
- 2 cucharadas de aceite para saltear
- 1 cebolla verde, cortada en trozos de 1 pulgada

Escurre el tofu. Lava los camarones y sécalos con papel absorbente. Deja marinar los camarones en sal, pimienta y maicena durante 15 minutos.

Sosteniendo el cuchillo paralelo a la tabla de cortar, corte el tofu por la mitad a lo largo. Corte cada mitad en 2 triángulos y luego corte cada triángulo en 2 triángulos más. Ahora debería tener 8 triángulos.

Haz un corte longitudinal en un lado del tofu. Introduce entre ¼ y ½ cucharadita de camarones en el corte.

Añade aceite a un wok o sartén precalentado. Cuando el aceite esté caliente, añade el tofu. Dora el tofu durante unos 3 o 4 minutos, dándole la vuelta al menos una vez y asegurándote de que no se pegue al fondo del wok. Si te sobran camarones, agrégalos durante el último minuto de cocción.

Añade el caldo de pollo, el vino de arroz Konjac, el agua y la salsa de ostras al centro del wok. Lleva a ebullición. Baja el fuego, tapa y cocina a fuego lento durante 5 o 6 minutos. Incorpora la cebolla verde. Sirve caliente.

9. **Tofu con verduras de Sichuan**

- 7 onzas (2 bloques) de tofu prensado
- ¼ de taza de verduras en conserva de Sichuan
- ½ taza de caldo de pollo
- 1 cucharadita de vino de arroz chino o jerez seco
- ½ cucharadita de salsa de soja
- 4–5 tazas de aceite para freír

   Calienta al menos 4 tazas de aceite en un wok precalentado a 350 °F. Mientras esperas a que se caliente el aceite, corta el tofu prensado en cubos de 1 pulgada. Corta las verduras de Sichuan en cubos. Combina el caldo de pollo y el vino de arroz y reserva.

   Cuando el aceite esté caliente, añade los cubos de tofu y fríelos hasta que adquieran un color marrón claro. Retíralos del wok con una espumadera y reserva.

Retirar todo el aceite del wok, menos 2 cucharadas. Añadir las verduras de Sichuan en conserva. Saltear durante 1 o 2 minutos y, a continuación, apartarlas hacia un lado del wok. Añadir la mezcla de caldo de pollo en el centro del wok y llevar a ebullición. Mezclar con la salsa de soja. Añadir el tofu prensado. Mezclar todo junto, cocinar a fuego lento durante unos minutos y servir caliente.

10. Tofu estofado con tres verduras

- 4 hongos secos
- ¼ de taza del líquido de remojo reservado para los hongos
- ⅔ taza de champiñones frescos
- ½ taza de caldo de pollo
- 1½ cucharada de salsa de ostras
- 1 cucharadita de vino de arroz chino o jerez seco
- 2 cucharadas de aceite para saltear
- 1 diente de ajo picado
- 1 taza de zanahorias baby, cortadas por la mitad

- 2 cucharaditas de maicena mezcladas con 4 cucharaditas de agua
- ¾ libra de tofu prensado, cortado en cubos de ½ pulgada

Remojar los hongos secos en agua caliente durante al menos 20 minutos. Reservar ¼ de taza del líquido de remojo. Cortar los hongos secos y frescos en rodajas.

Combine el líquido de los hongos reservado, el caldo de pollo, la salsa de ostras y el vino de arroz Konjac. Deje de lado.

Añade aceite a un wok o sartén precalentado. Cuando el aceite esté caliente, añade el ajo y saltea brevemente hasta que desprenda su aroma. Añade las zanahorias. Saltea durante 1 minuto, luego añade los champiñones y saltea.

Añade la salsa y deja que hierva. Revuelve la mezcla de maicena y agua y agrégala a la salsa, revolviendo rápidamente para que espese.

Añade los cubos de tofu. Mezcla todo, baja el fuego y cocina a fuego lento durante 5 o 6 minutos. Sirve caliente.

11. Triángulos de tofu rellenos de cerdo

- ½ libra de tofu firme
- ¼ libra de carne de cerdo molida
- ⅛ cucharadita de sal
- Pimienta al gusto
- ½ cucharadita de vino de arroz chino o jerez seco
- ½ taza de caldo de pollo
- ¼ taza de agua

- 2 cucharadas de salsa de ostras
- 2 cucharadas de aceite para saltear
- 1 cebolla verde, cortada en trozos de 1 pulgada

Escurre el tofu. Coloca la carne de cerdo molida en un recipiente mediano. Agrega la sal, la pimienta y el vino de arroz Konjac. Deja marinar la carne de cerdo durante 15 minutos.

Sosteniendo el cuchillo paralelo a la tabla de cortar, corte el tofu por la mitad a lo largo. Corte cada mitad en 2 triángulos y luego corte cada triángulo en 2 triángulos más. Ahora debería tener 8 triángulos.

Haz un corte longitudinal a lo largo de uno de los bordes de cada triángulo de tofu. Coloca ¼ de cucharadita colmada de carne de cerdo molida en el corte.

Añade aceite a un wok o sartén precalentado. Cuando el aceite esté caliente, añade el tofu. Si te sobra carne de cerdo molida, añádela también. Dora el tofu durante unos 3 o 4 minutos, dándole la vuelta al menos una vez y asegurándote de que no se pegue al fondo del wok.

Añade el caldo de pollo, el agua y la salsa de ostras al centro del wok. Deja que hierva. Baja el fuego, tapa y cocina a fuego lento durante 5 o 6 minutos. Incorpora la cebolla verde. Sirve caliente.

12. Panqueques de arándanos con almíbar

Rinde de 4 a 6 porciones

1 taza de agua hirviendo
$^1/_2$ taza de arándanos secos endulzados
$^1/_2$ taza de jarabe de arce
$^1/_4$ taza de jugo de naranja fresco
$^1/_4$ taza de naranja picada
1 cucharada de margarina vegana
1 $^1/_2$ tazas de harina común
1 cucharada de azúcar

1 cucharada de levadura en polvo
$1/2$ cucharadita de sal
1 $1/2$ tazas de leche de soja
$1/4$ taza de tofu suave y sedoso, escurrido
1 cucharada de aceite de canola o de semilla de uva, y un poco más para freír

En un recipiente resistente al calor, vierte el agua hirviendo sobre los arándanos y déjalos reposar hasta que se ablanden, unos 10 minutos. Escúrrelos bien y déjalos a un lado.
En una cacerola pequeña, combine el jarabe de arce, el jugo de naranja, la naranja y la margarina y caliente a fuego lento, revolviendo para derretir la margarina. Manténgalo caliente. Precaliente el horno a 225 °F.
En un tazón grande, combine la harina, el azúcar, el polvo para hornear y la sal y reserve.
En un procesador de alimentos o licuadora, combine la leche de soya, el tofu y el aceite hasta que estén bien mezclados.
Vierta los ingredientes húmedos sobre los ingredientes secos y mezcle con movimientos rápidos. Incorpore los arándanos rojos ablandados.

En una plancha o sartén grande, caliente una fina capa de aceite a fuego medio-alto. Vierta con un cucharón entre $1/4$ de taza y $1/3$ de taza.

de la masa sobre la plancha caliente. Cocina hasta que aparezcan pequeñas burbujas en la parte superior, de 2 a 3 minutos. Da vuelta el panqueque y cocina hasta que el otro lado esté dorado, aproximadamente 2 minutos más. Pasa los panqueques cocidos a una fuente resistente al calor y mantenlos calientes en el horno mientras se cocina el resto. Sirve con jarabe de arce y naranja.

13. Tofu glaseado con soja

Rinde 4 porciones

- 1 libra de tofu extra firme, escurrido, cortado en rodajas de $1/2$ pulgada y prensado
- $1/4$ taza de aceite de sésamo tostado
- $1/4$ taza de vinagre de arroz
- 2 cucharaditas de azúcar

Seque el tofu y colóquelo en una fuente para hornear de 9 x 13 pulgadas y déjelo a un lado.

En una cacerola pequeña, combine la salsa de soja, el aceite, el vinagre y el azúcar y llévelo a ebullición. Vierta la marinada caliente sobre el tofu y déjelo marinar durante 30 minutos, dándole vuelta una vez.

Precaliente el horno a 350 °F. Hornee el tofu durante 30 minutos, dándole vuelta una vez aproximadamente a la mitad del tiempo de cocción. Sirva inmediatamente o deje enfriar a temperatura ambiente, luego cubra y refrigere hasta que lo necesite.

14. Tofu al estilo cajún

Rinde 4 porciones

- 1 libra de tofu extra firme, escurrido y secado
- Sal
- 1 cucharada más 1 cucharadita de condimento cajún
- 2 cucharadas de aceite de oliva
- $1/4$ taza de pimiento verde picado
- 1 cucharada de apio picado
- 2 cucharadas de cebolla verde picada

- 2 dientes de ajo picados
- 1 lata (14,5 onzas) de tomates cortados en cubitos, escurridos
- 1 cucharada de salsa de soja
- 1 cucharada de perejil fresco picado

Corte el tofu en rodajas de $1/2$ pulgada de grosor y espolvoree ambos lados con sal y 1 cucharada de condimento cajún. Deje de lado.

En una cacerola pequeña, calienta 1 cucharada de aceite a fuego medio. Agrega el pimiento morrón y el apio. Tapa y cocina durante 5 minutos. Agrega la cebolla verde y el ajo y cocina, sin tapar, 1 minuto más. Agrega los tomates, la salsa de soja, el perejil, la cucharadita restante de la mezcla de especias cajún y sal al gusto. Cocina a fuego lento durante 10 minutos para mezclar los sabores y reserva.

En una sartén grande, calienta la cucharada de aceite restante a fuego medio-alto. Agrega el tofu y cocina hasta que se dore por ambos lados, aproximadamente 10 minutos. Agrega la salsa y cocina a fuego lento durante 5 minutos. Sirve de inmediato.

15. Tofu crujiente con salsa de alcaparras chispeante

Rinde 4 porciones

- 1 libra de tofu extra firme, escurrido, cortado en rodajas de $1/4$ de pulgada y prensado
- Sal y pimienta negra recién molida
- 2 cucharadas de aceite de oliva, y más si es necesario
- 1 chalota mediana, picada
- 2 cucharadas de alcaparras
- 3 cucharadas de perejil fresco picado
- 2 cucharadas de margarina vegana
- Jugo de 1 limón

Precaliente el horno a 275 °F. Seque el tofu y sazone con sal y pimienta a gusto. Coloque la maicena en un recipiente poco profundo. Pase el tofu por la maicena, cubriéndolo por todos los lados.

En una sartén grande, calienta 2 cucharadas de aceite a fuego medio. Agrega el tofu, en tandas si es necesario, y cocina hasta que se dore por ambos lados, aproximadamente 4 minutos por cada lado. Pasa el tofu frito a una fuente resistente al calor y mantenlo caliente en el horno.

En la misma sartén, calienta la cucharada restante de aceite a fuego medio. Agrega la chalota y cocina hasta que se ablande, aproximadamente 3 minutos. Agrega las alcaparras y el perejil y cocina durante 30 segundos, luego agrega la margarina, el jugo de limón y sal y pimienta a gusto, revolviendo para derretir e incorporar la margarina. Cubre el tofu con la salsa de alcaparras y sirve inmediatamente.

16. Tofu frito al estilo campestre con salsa dorada

Rinde 4 porciones

- 1 libra de tofu extra firme, escurrido, cortado en rodajas de $1/2$ pulgada y prensado
- Sal y pimienta negra recién molida
- $1/3$ taza de maicena
- 2 cucharadas de aceite de oliva
- 1 cebolla amarilla dulce mediana, picada
- 2 cucharadas de harina para todo uso
- 1 cucharadita de tomillo seco
- $1/8$ cucharadita de cúrcuma
- 1 taza de caldo de verduras, casero (ver Caldo de verduras ligero) o comprado en la tienda
- 1 cucharada de salsa de soja

- 1 taza de garbanzos cocidos o enlatados, escurridos y enjuagados
- 2 cucharadas de perejil fresco picado, para decorar

Seque el tofu y sazone con sal y pimienta a gusto. Coloque la maicena en un recipiente poco profundo. Pase el tofu por la maicena, cubriéndolo por todos los lados. Precaliente el horno a 250 °F.

En una sartén grande, calienta 2 cucharadas de aceite a fuego medio. Agrega el tofu, en tandas si es necesario, y cocina hasta que se dore por ambos lados, aproximadamente 10 minutos. Pasa el tofu frito a una fuente resistente al calor y mantenlo caliente en el horno.

En la misma sartén, calienta la cucharada restante de aceite a fuego medio. Agrega la cebolla, tapa y cocina hasta que se ablande, 5 minutos. Destapa y reduce el fuego a bajo. Agrega la harina, el tomillo y la cúrcuma y cocina durante 1 minuto, revolviendo constantemente. Incorpora lentamente el caldo, luego la leche de soja y la salsa de soja. Agrega los garbanzos y sazona con sal y pimienta al gusto. Continúa cocinando, revolviendo con frecuencia, durante 2 minutos. Transfiere a una licuadora y procesa hasta que quede suave y cremoso. Regresa a la cacerola y calienta hasta que esté caliente, agregando un poco más de caldo si la salsa está demasiado espesa. Vierte la salsa sobre el tofu y espolvorea con el perejil. Sirve inmediatamente.

17. Tofu y espárragos glaseados con naranja

Rinde 4 porciones

- 2 cucharadas de mirin
- 1 cucharada de maicena
- 1 paquete (16 onzas) de tofu extra firme, escurrido y cortado en tiras de $1/4$ de pulgada
- 2 cucharadas de salsa de soja
- 1 cucharadita de aceite de sésamo tostado
- 1 cucharadita de azúcar
- $1/4$ cucharadita de pasta de chile asiático
- 2 cucharadas de aceite de canola o de semilla de uva
- 1 diente de ajo picado
- $1/2$ cucharadita de jengibre fresco picado
- 5 onzas de espárragos finos, con los extremos duros recortados y cortados en trozos de $1\ 1/2$ pulgada

En un recipiente poco profundo, combine el mirin y la maicena y mezcle bien. Agregue el tofu y revuelva suavemente para cubrirlo. Deje marinar durante 30 minutos.

En un bol pequeño, combine el jugo de naranja, la salsa de soja, el aceite de sésamo, el azúcar y la pasta de chile. Reserve.

En una sartén grande o wok, calienta el aceite de canola a fuego medio. Agrega el ajo y el jengibre y saltea hasta que desprendan un aroma fragante, unos 30 segundos. Agrega el tofu marinado y los espárragos y saltea hasta que el tofu esté dorado y los espárragos estén tiernos, unos 5 minutos. Incorpora la salsa y cocina durante unos 2 minutos más. Sirve de inmediato.

18. Pizzaiola de tofu

Rinde 4 porciones

- 2 cucharadas de aceite de oliva
- 1 paquete (16 onzas) de tofu extra firme, escurrido, cortado en rodajas de $1/2$ pulgada y prensado (ver Caldo de verduras ligero)
- Sal
- 3 dientes de ajo picados
- 1 lata (14,5 onzas) de tomates cortados en cubitos, escurridos
- $1/4$ taza de tomates secados al sol envasados en aceite, cortados en tiras de $1/4$ de pulgada
- 1 cucharada de alcaparras
- 1 cucharadita de orégano seco
- $1/2$ cucharadita de azúcar

- Pimienta negra recién molida
- 2 cucharadas de perejil fresco picado, para decorar

Precaliente el horno a 275 °F. En una sartén grande, caliente 1 cucharada de aceite a fuego medio. Agregue el tofu y cocínelo hasta que se dore por ambos lados, dándole vuelta una vez, durante unos 5 minutos por cada lado. Espolvoree el tofu con sal a gusto. Transfiera el tofu frito a una fuente resistente al calor y manténgalo caliente en el horno.

En la misma sartén, calienta la cucharada de aceite restante a fuego medio. Agrega el ajo y cocina hasta que se ablande, aproximadamente 1 minuto. No lo dores. Agrega los tomates cortados en cubitos, los tomates secados al sol, las aceitunas y las alcaparras. Agrega el orégano, el azúcar y la sal y la pimienta al gusto. Cocina a fuego lento hasta que la salsa esté caliente y los sabores se combinen bien, aproximadamente 10 minutos. Cubre las rodajas de tofu fritas con la salsa y espolvorea con el perejil. Sirve de inmediato.

19. Tofu "Ka-Pow"

Rinde 4 porciones

- 1 libra de tofu extra firme, escurrido, secado y cortado en cubos de 1 pulgada
- Sal
- 2 cucharadas de maicena
- 2 cucharadas de salsa de soja
- 1 cucharada de salsa de ostras vegetariana
- 2 cucharaditas de Nothin' Fishy Nam Pla o 1 cucharadita de vinagre de arroz

- 1 cucharadita de azúcar moreno claro
- $1/2$ cucharadita de pimiento rojo triturado
- 2 cucharadas de aceite de canola o de semilla de uva
- 1 cebolla amarilla dulce mediana, cortada por la mitad y en rodajas de $1/2$ pulgada
- Pimiento rojo mediano, cortado en rodajas de $1/4$ pulgada
- cebollas verdes picadas
- $1/2$ taza de hojas de albahaca tailandesa

En un bol mediano, combine el tofu, la sal a gusto y la maicena. Mezcle bien y reserve.

En un bol pequeño, combine la salsa de soja, la salsa de ostras, el nam pla, el azúcar y la pimienta roja triturada. Revuelva bien para mezclar y reserve.

En una sartén grande, calienta 1 cucharada de aceite a fuego medio-alto. Agrega el tofu y cocina hasta que esté dorado, aproximadamente 8 minutos. Retíralo de la sartén y reserva.

En la misma sartén, calienta la cucharada restante de aceite a fuego medio. Agrega la cebolla y el pimiento morrón y saltea hasta que se ablanden, aproximadamente 5 minutos. Agrega las cebollas verdes y cocina 1 minuto más. Agrega el tofu frito, la salsa y la albahaca y saltea hasta que estén calientes, aproximadamente 3 minutos. Sirve de inmediato.

20. Tofu al estilo siciliano

Rinde 4 porciones

- 2 cucharadas de aceite de oliva
- 1 libra de tofu extra firme, escurrido, cortado en rodajas de $1/4$ de pulgada y prensado Sal y pimienta negra recién molida
- 1 cebolla amarilla pequeña, picada
- 2 dientes de ajo picados
- 1 lata (28 onzas) de tomates cortados en cubitos, escurridos
- $1/4$ taza de vino blanco $_{seco}$
- $1/4$ cucharadita de pimiento rojo triturado
- $1/3$ taza de aceitunas Kalamata sin hueso
- $1 1/2$ cucharada de alcaparras

- 2 cucharadas de albahaca fresca picada o 1 cucharadita de albahaca seca (opcional)

Precalienta el horno a 250 °F. En una sartén grande, calienta 1 cucharada de aceite a fuego medio. Agrega el tofu, en tandas si es necesario, y cocina hasta que se dore por ambos lados, 5 minutos por cada lado. Sazona con sal y pimienta negra a gusto. Pasa el tofu cocido a una fuente resistente al calor y mantenlo caliente en el horno mientras preparas la salsa.

En la misma sartén, calienta la cucharada de aceite restante a fuego medio. Agrega la cebolla y el ajo, tapa y cocina hasta que la cebolla se ablande, 10 minutos. Agrega los tomates, el vino y el pimiento rojo triturado. Lleva a ebullición, luego reduce el fuego a bajo y cocina a fuego lento, sin tapar, durante 15 minutos. Agrega las aceitunas y las alcaparras. Cocina durante 2 minutos más.

Coloca el tofu en una fuente o en platos individuales. Vierte la salsa encima. Espolvorea con albahaca fresca, si la usas. Sirve inmediatamente.

21. Salteado de phoon tailandés

Rinde 4 porciones

- 1 libra de tofu extra firme, escurrido y secado con palmaditas
- 2 cucharadas de aceite de canola o de semilla de uva
- chalotes medianos, cortados a lo largo por la mitad y en rodajas de $1/8$ pulgadas
- 2 dientes de ajo picados
- 2 cucharaditas de jengibre fresco rallado
- 3 onzas de tapas de hongos blancos, ligeramente enjuagadas, secas y cortadas en rodajas de $1/2$ pulgada
- 1 cucharada de mantequilla de maní cremosa
- 2 cucharaditas de azúcar moreno claro
- 1 cucharadita de pasta de chile asiático

- 2 cucharadas de salsa de soja
- 1 cucharada de mirin
- 1 lata (13,5 onzas) de leche de coco sin azúcar
- 6 onzas de espinacas frescas picadas
- 1 cucharada de aceite de sésamo tostado
- Arroz o fideos recién cocidos, para servir.
- 2 cucharadas de albahaca tailandesa o cilantro fresco finamente picado
- 2 cucharadas de maní tostado sin sal triturado
- 2 cucharaditas de jengibre cristalizado picado (opcional)

Corte el tofu en dados de $1/2$ pulgada y reserve. En una sartén grande, caliente 1 cucharada de aceite a fuego lento. Calienta a fuego medio-alto. Agrega el tofu y saltea hasta que esté dorado, aproximadamente 7 minutos. Retira el tofu de la sartén y reserva.

En la misma sartén, calienta la cucharada de aceite restante a fuego medio. Agrega las chalotas, el ajo, el jengibre y los champiñones y saltea hasta que se ablanden, aproximadamente 4 minutos.

Incorpore la mantequilla de maní, el azúcar, la pasta de chile, la salsa de soja y el mirin. Incorpore la leche de coco y mezcle hasta que esté bien mezclado. Agregue el tofu frito y las espinacas y deje hervir a fuego lento. Reduzca el fuego a medio-bajo y cocine a fuego lento, revolviendo de vez en cuando, hasta que las espinacas se ablanden y los sabores se mezclen bien, de 5 a 7 minutos. Incorpore el aceite de sésamo y cocine a fuego lento durante otro minuto. Para servir, coloque la mezcla de tofu con una cuchara sobre el arroz o los fideos de su elección y cubra con coco, albahaca, maní y jengibre cristalizado, si lo usa. Sirva inmediatamente.

22. Tofu al horno pintado con chipotle

Rinde 4 porciones

- 2 cucharadas de salsa de soja
- 2 chiles chipotle enlatados en adobo
- 1 cucharada de aceite de oliva
- 1 libra de tofu extra firme, escurrido, cortado en rodajas de $1/2$ pulgada de grosor y prensado (ver Caldo de verduras ligero)

Precaliente el horno a 375 °F. Engrase ligeramente un molde para hornear de 9 x 13 pulgadas y reserve.

En un procesador de alimentos, combine la salsa de soja, los chipotles y el aceite y procese hasta que se integren. Vierta la mezcla de chipotles en un tazón pequeño.

Pincele la mezcla de chipotle sobre ambos lados de las rodajas de tofu y colóquelas en una sola capa en el molde preparado. Hornee hasta que esté caliente, aproximadamente 20 minutos. Sirva inmediatamente.

23. Tofu a la parrilla con glaseado de tamarindo

Rinde 4 porciones

- 1 libra de tofu extra firme, escurrido y secado
- Sal y pimienta negra recién molida
- 2 cucharadas de aceite de oliva
- 2 chalotes medianos, picados
- 2 dientes de ajo picados
- 2 tomates maduros, picados en trozos grandes
- 2 cucharadas de ketchup
- $1/4$ taza de agua
- 2 cucharadas de mostaza de Dijon
- 1 cucharada de azúcar moreno oscuro
- 2 cucharadas de néctar de agave
- 2 cucharadas de concentrado de tamarindo
- 1 cucharada de melaza oscura
- $1/2$ cucharadita de pimienta cayena molida

- 1 cucharada de pimentón ahumado
- 1 cucharada de salsa de soja

Corte el tofu en rodajas de 1 pulgada, condimente con sal y pimienta a gusto y reserve en una fuente para hornear poco profunda.

En una cacerola grande, calienta el aceite a fuego medio. Agrega las chalotas y el ajo y saltea durante 2 minutos. Agrega todos los ingredientes restantes, excepto el tofu. Reduce el fuego y cocina a fuego lento durante 15 minutos. Pasa la mezcla a una licuadora o procesador de alimentos y mezcla hasta que quede suave. Regresa a la cacerola y cocina 15 minutos más, luego deja enfriar. Vierte la salsa sobre el tofu y refrigera por al menos 2 horas. Precalienta una parrilla o asador.

Asa el tofu marinado, dándole vuelta una vez, para que se caliente y se dore bien por ambos lados. Mientras el tofu se asa, vuelve a calentar la marinada en una cacerola. Retira el tofu de la parrilla, pincela ambos lados con la salsa de tamarindo y sirve inmediatamente.

24. Tofu Relleno De Berros

Rinde 4 porciones

- 1 libra de tofu extra firme, escurrido, cortado en rodajas de ¾ de pulgada y prensado (ver Caldo de verduras ligero)
- Sal y pimienta negra recién molida
- 1 manojo pequeño de berros, sin los tallos duros y picados
- 2 tomates ciruela maduros, picados
- $1/2$ taza de cebollas verdes picadas
- 2 cucharadas de perejil fresco picado
- 2 cucharadas de albahaca fresca picada
- 1 cucharadita de ajo picado
- 2 cucharadas de aceite de oliva
- 1 cucharada de vinagre balsámico
- Pizca de azúcar

- $1/2$ taza de harina para todo uso
- $1/2$ taza de agua
- $1\ 1/2$ tazas de pan rallado seco sin condimentar

Corte un bolsillo largo y profundo en el costado de cada rebanada de tofu y coloque el tofu en una bandeja para hornear. Sazone con sal y pimienta a gusto y reserve.

En un bol grande, combine los berros, los tomates, las cebollas verdes, el perejil, la albahaca, el ajo, 2 cucharadas de aceite, el vinagre, el azúcar y la sal y la pimienta al gusto. Mezcle hasta que se integren bien y luego rellene con cuidado los bolsillos de tofu.

Coloca la harina en un recipiente poco profundo. Vierte el agua en otro recipiente poco profundo. Coloca el pan rallado en un plato grande. Pasa el tofu por la harina, luego sumérgelo con cuidado en el agua y luego pásalo por el pan rallado, cubriéndolo bien.

En una sartén grande, calienta las 2 cucharadas restantes de aceite a fuego medio. Agrega el tofu relleno a la sartén y cocina hasta que se dore, dándolo vuelta una vez, durante 4 a 5 minutos por cada lado. Sirve de inmediato.

25. Tofu con pistacho y granada

Rinde 4 porciones

- 1 libra de tofu extra firme, escurrido, cortado en rodajas de $1/4$ de pulgada y prensado (ver Caldo de verduras ligero)
- Sal y pimienta negra recién molida
- 2 cucharadas de aceite de oliva
- $1/2$ taza de jugo de granada
- 1 cucharada de vinagre balsámico
- 1 cucharada de azúcar moreno claro
- 2 cebollas verdes picadas

- $1/2$ taza de pistachos sin cáscara y sin sal, picados en trozos grandes
- Sazona el tofu con sal y pimienta al gusto.

En una sartén grande, calienta el aceite a fuego medio. Agrega las rodajas de tofu, en tandas si es necesario, y cocina hasta que estén ligeramente doradas, aproximadamente 4 minutos por lado. Retira de la sartén y reserva.

En la misma sartén, añade el jugo de granada, el vinagre, el azúcar y las cebollas verdes y deja cocinar a fuego medio durante 5 minutos. Añade la mitad de los pistachos y cocina hasta que la salsa espese un poco, unos 5 minutos.

Devuelve el tofu frito a la sartén y cocínalo hasta que esté caliente, unos 5 minutos, vertiendo la salsa sobre el tofu mientras hierve a fuego lento. Sirve inmediatamente, espolvoreado con los pistachos restantes.

26. Tofu de la isla de las especias

Rinde 4 porciones

- $1/2$ taza de maicena
- $1/2$ cucharadita de tomillo fresco picado o $1/4$ cucharadita de tomillo seco
- $1/2$ cucharadita de mejorana fresca picada o $1/4$ cucharadita de mejorana seca
- $1/2$ cucharadita de sal
- $1/4$ cucharadita de pimienta cayena molida
- $1/4$ cucharadita de pimentón dulce o ahumado
- $1/4$ cucharadita de azúcar moreno claro
- $1/8$ cucharadita de pimienta de Jamaica molida
- 1 libra de tofu extra firme, escurrido y cortado en tiras de $1/2$ pulgada
- 2 cucharadas de aceite de canola o de semilla de uva
- 1 pimiento rojo mediano, cortado en tiras de $1/4$ pulgada
- 2 cebollas verdes picadas
- 1 diente de ajo picado
- 1 jalapeño, sin semillas y picado
- 2 tomates ciruela maduros, sin semillas y picados
- 1 taza de piña fresca o enlatada picada

- 2 cucharadas de salsa de soja
- $1/4$ taza de agua
- 2 cucharaditas de jugo de lima fresco
- 1 cucharada de perejil fresco picado, para decorar

En un recipiente poco profundo, combine la maicena, el tomillo, la mejorana, la sal, la pimienta de cayena, el pimentón, el azúcar y la pimienta de Jamaica. Mezcle bien. Pase el tofu por la mezcla de especias, cubriéndolo por todos lados. Precaliente el horno a 250 °F.

En una sartén grande, calienta 2 cucharadas de aceite a fuego medio. Agrega el tofu rebozado, en tandas si es necesario, y cocina hasta que se dore, aproximadamente 4 minutos por lado. Pasa el tofu frito a una fuente resistente al calor y mantenlo caliente en el horno.

En la misma sartén, calienta la cucharada restante de aceite a fuego medio. Agrega el pimiento morrón, las cebollas verdes, el ajo y el jalapeño. Tapa y cocina, revolviendo ocasionalmente, hasta que estén tiernos, aproximadamente 10 minutos. Agrega los tomates, la piña, la salsa de soja, el agua y el jugo de limón y cocina a fuego lento hasta que la mezcla esté caliente y los sabores se hayan combinado, aproximadamente 5 minutos. Vierte la mezcla de verduras sobre la sartén . El tofu frito. Espolvorear con perejil picado y servir inmediatamente.

27. Tofu con jengibre y salsa hoisin y cítricos

Rinde 4 porciones

- 1 libra de tofu extra firme, escurrido, secado y cortado en cubos de $1/2$ pulgada
- 2 cucharadas de salsa de soja
- 2 cucharadas más 1 cucharadita de maicena
- 1 cucharada más 1 cucharadita de aceite de canola o de semilla de uva
- 1 cucharadita de aceite de sésamo tostado
- 2 cucharaditas de jengibre fresco rallado
- cebollas verdes picadas
- $1/3$ taza de salsa hoisin
- $1/2$ taza de caldo de verduras, casero (ver Caldo de verduras ligero) o comprado en la tienda
- $1/4$ taza de jugo de naranja fresco
- 1 $1/2$ cucharadas de jugo de limón fresco
- 1 $1/2$ cucharadas de jugo de limón fresco
- Sal y pimienta negra recién molida

Coloque el tofu en un recipiente poco profundo. Agregue la salsa de soja y revuelva para cubrir, luego espolvoree con 2 cucharadas de maicena y revuelva para cubrir.

En una sartén grande, calienta 1 cucharada de aceite de canola a fuego medio. Agrega el tofu y cocina hasta que se dore, dándole vuelta de vez en cuando, durante unos 10 minutos. Retira el tofu de la sartén y déjalo a un lado.

En la misma sartén, calienta la cucharadita restante de aceite de canola y el aceite de sésamo a fuego medio. Agrega el jengibre y las cebollas verdes y cocina hasta que desprendan un aroma fragante, aproximadamente 1 minuto. Agrega la salsa hoisin, el caldo y el jugo de naranja y deja que hierva a fuego lento. Cocina hasta que el líquido se reduzca un poco y los sabores tengan la oportunidad de mezclarse, aproximadamente 3 minutos. En un tazón pequeño, combina la cucharadita restante de maicena con el jugo de lima y el jugo de limón y agrega a la salsa, revolviendo para espesar un poco. Sazona con sal y pimienta a gusto.

Devuelva el tofu frito a la sartén y cocínelo hasta que esté cubierto con la salsa y bien caliente. Sirva inmediatamente.

28. Tofu con limoncillo y guisantes

Rinde 4 porciones

- 2 cucharadas de aceite de canola o de semilla de uva
- 1 cebolla roja mediana, cortada por la mitad y en rodajas finas
- 2 dientes de ajo picados
- 1 cucharadita de jengibre fresco rallado
- 1 libra de tofu extra firme, escurrido y cortado en dados de $1/2$ pulgada
- 2 cucharadas de salsa de soja
- 1 cucharada de mirin o sake
- 1 cucharadita de azúcar

- $1/2$ cucharadita de pimiento rojo triturado
- 4 onzas de guisantes, recortados
- 1 cucharada de limoncillo picado o ralladura de 1 limón
- 2 cucharadas de maní tostado sin sal molido grueso, para decorar

En una sartén grande o wok, calienta el aceite a fuego medio-alto. Agrega la cebolla, el ajo y el jengibre y saltea durante 2 minutos. Agrega el tofu y cocina hasta que se dore, aproximadamente 7 minutos.

Incorpora la salsa de soja, el mirin, el azúcar y la pimienta roja triturada. Añade los guisantes y la hierba limón y saltea hasta que los guisantes estén tiernos y crujientes y los sabores se hayan mezclado bien, unos 3 minutos. Decora con cacahuetes y sirve inmediatamente.

29. Tofu con doble sésamo y salsa tahini

Rinde 4 porciones

- $1/2$ taza de tahini (pasta de sésamo)
- 2 cucharadas de jugo de limón fresco
- 2 cucharadas de salsa de soja
- 2 cucharadas de agua
- $1/4$ taza de semillas de sésamo blanco
- $1/4$ taza de semillas de sésamo negro
- $1/2$ taza de maicena
- 1 libra de tofu extra firme, escurrido, secado y cortado en tiras de $1/2$ pulgada
- Sal y pimienta negra recién molida
- 2 cucharadas de aceite de canola o de semilla de uva

En un bol pequeño, combine el tahini, el jugo de limón, la salsa de soja y el agua, revolviendo para mezclar bien. Deje de lado.

En un recipiente poco profundo, combine las semillas de sésamo blanco y negro y la maicena, revolviendo para mezclar. Sazone el tofu con sal y pimienta a gusto. Reserve.

En una sartén grande, calienta el aceite a fuego medio. Cubre bien el tofu con la mezcla de semillas de sésamo, luego agrégalo a la sartén caliente y cocínalo hasta que esté dorado y crocante por todos lados, dándole vuelta según sea necesario, de 3 a 4 minutos por cada lado. Ten cuidado de no quemar las semillas. Rocía con salsa de tahini y sirve de inmediato.

30. Guiso de tofu y edamame

Rinde 4 porciones

- 2 cucharadas de aceite de oliva
- 1 cebolla amarilla mediana, picada
- 1/2 taza de apio picado
- 2 dientes de ajo picados
- 2 papas Yukon Gold medianas, peladas y cortadas en cubos de 1/2 pulgada
- 1 taza de edamame fresco o congelado sin cáscara
- 2 tazas de calabacín pelado y cortado en cubitos
- 1/2 taza de guisantes tiernos congelados
- 1 cucharadita de ajedrea seca
- 1/2 cucharadita de salvia seca desmenuzada
- 1/8 cucharadita de pimienta cayena molida
- 1 1/2 tazas de caldo de verduras, casero (ver Caldo de verduras ligero) o comprado en la tienda Sal y pimienta negra recién molida

- 1 libra de tofu extra firme, escurrido, secado y cortado en dados de $1/2$ pulgada
- 2 cucharadas de perejil fresco picado

En una cacerola grande, calienta 1 cucharada de aceite a fuego medio. Agrega la cebolla, el apio y el ajo. Tapa y cocina hasta que se ablanden, aproximadamente 10 minutos. Agrega las papas, el edamame, el calabacín, los guisantes, la ajedrea, la salvia y la pimienta de cayena. Agrega el caldo y deja que hierva. Reduce el fuego a bajo y sazona con sal y pimienta a gusto. Tapa y cocina a fuego lento hasta que las verduras estén tiernas y los sabores se hayan mezclado, aproximadamente 40 minutos.

En una sartén grande, calienta la cucharada de aceite restante a fuego medio-alto. Agrega el tofu y cocina hasta que esté dorado, aproximadamente 7 minutos. Sazona con sal y pimienta a gusto y reserva. Aproximadamente 10 minutos antes de que el guiso termine de cocinarse, agrega el tofu frito y el perejil. Prueba, ajusta los condimentos si es necesario y sirve de inmediato.

31. Chuletas de ensueño con salsa de soja

Rinde 6 porciones

- 10 onzas de tofu firme, escurrido y desmenuzado
- 2 cucharadas de salsa de soja
- $1/4$ cucharadita de pimentón dulce
- $1/4$ cucharadita de cebolla en polvo
- $1/4$ cucharadita de ajo en polvo
- $1/4$ cucharadita de pimienta negra recién molida
- 1 taza de harina de gluten de trigo (gluten de trigo vital)
- 2 cucharadas de aceite de oliva

En un procesador de alimentos, combine el tofu, la salsa de soja, el pimentón, la cebolla en polvo, el ajo en polvo, la pimienta y la harina. Procese hasta que esté bien mezclado. Transfiera la mezcla a una superficie de trabajo plana y forme un cilindro. Divida la mezcla en 6 partes iguales y aplástelas hasta formar chuletas muy finas, de no más de $1/4$ de pulgada de grosor. (Para hacer esto, coloque cada chuleta entre dos pedazos de papel encerado, film transparente o papel pergamino y aplánela con un rodillo).

En una sartén grande, calienta el aceite a fuego medio. Agrega las chuletas, en tandas si es necesario, tapa y cocina hasta que estén bien doradas por ambos lados, de 5 a 6 minutos por cada lado. Las chuletas ya están listas para usar en recetas o servir de inmediato, cubiertas con una salsa.

32. Mi tipo de pastel de carne

Rinde de 4 a 6 porciones

- 2 cucharadas de aceite de oliva
- $2/3$ taza de cebolla picada
- 2 dientes de ajo picados
- 1 libra de tofu extra firme, escurrido y secado
- 2 cucharadas de ketchup

- 2 cucharadas de tahini (pasta de sésamo) o mantequilla de maní cremosa
- 2 cucharadas de salsa de soja
- $1/2$ taza de nueces molidas
- 1 taza de avena tradicional
- 1 taza de harina de gluten de trigo (gluten de trigo vital)
- 2 cucharadas de perejil fresco picado
- $1/2$ cucharadita de sal
- $1/2$ cucharadita de pimentón dulce
- $1/4$ cucharadita de pimienta negra recién molida

Precaliente el horno a 375 °F. Engrase ligeramente un molde para pan de 9 pulgadas y déjelo a un lado. En una sartén grande, caliente 1 cucharada de aceite a fuego medio. Agregue la cebolla y el ajo, cubra y cocine hasta que se ablanden, 5 minutos.

En un procesador de alimentos, combine el tofu, el kétchup, el tahini y la salsa de soja y procese hasta que quede una mezcla homogénea. Agregue la mezcla de cebolla reservada y todos los ingredientes restantes. Pulse hasta que quede bien mezclado, pero con algo de textura.

Vierta la mezcla en el molde preparado. Presione la mezcla con firmeza en el molde, alisando la superficie. Hornee hasta que esté firme y dorada, aproximadamente 1 hora. Deje reposar durante 10 minutos antes de cortar.

33. Tostada francesa con mucho sabor a vainilla

Rinde 4 porciones

1 paquete (12 onzas) de tofu sedoso firme, escurrido
1 ½ tazas de leche de soja
2 cucharadas de maicena
1 cucharada de aceite de canola o de semilla de uva
2 cucharaditas de azúcar
1 ½ cucharadita de extracto puro de vainilla
¼ cucharadita de sal
4 rebanadas de pan italiano del día anterior
Aceite de canola o de semilla de uva, para freír

Precaliente el horno a 225 °F. En una licuadora o procesador de alimentos, combine el tofu, la leche de soya, la maicena, el aceite, el azúcar, la vainilla y la sal y mezcle hasta que quede una mezcla homogénea.

Vierta la masa en un recipiente poco profundo y sumerja el pan en ella, girándolo para cubrir ambos lados.

En una plancha o sartén grande, calienta una fina capa de aceite a fuego medio. Coloca las tostadas francesas en la plancha caliente y cocínalas hasta que estén doradas de ambos lados, dándolas vuelta una vez, durante 3 a 4 minutos por cada lado.

Transfiera las tostadas francesas cocidas a una fuente resistente al calor y manténgalas calientes en el horno mientras cocina el resto.

34. Pasta para untar de sésamo y soja para el desayuno

Rinde aproximadamente 1 taza

$1/2$ taza de tofu blando, escurrido y secado con palmaditas
2 cucharadas de tahini (pasta de sésamo)
2 cucharadas de levadura nutricional
1 cucharada de jugo de limón fresco
2 cucharaditas de aceite de linaza
1 cucharadita de aceite de sésamo tostado
$1/2$ cucharadita de sal

En una licuadora o procesador de alimentos, combine todos los ingredientes y licúe hasta que quede una mezcla homogénea. Vierta la mezcla en un tazón pequeño, tápela y refrigérela durante varias horas para intensificar el sabor. Si se almacena correctamente, se conservará hasta 3 días.

35. Radiatore con salsa aurora

Rinde 4 porciones

- 1 cucharada de aceite de oliva
- 3 dientes de ajo picados
- 3 cebollas verdes picadas
- Lata de 28 onzas de tomates triturados
- 1 cucharadita de albahaca seca
- $1/2$ cucharadita de mejorana seca
- 1 cucharadita de sal

- $1/4$ cucharadita de pimienta negra recién molida
- $1/3$ taza de queso crema vegano o tofu blando escurrido
- 1 libra de pasta radiadora u otra pasta pequeña y con forma
- 2 cucharadas de perejil fresco picado, para decorar

En una cacerola grande, calienta el aceite a fuego medio. Agrega el ajo y las cebollas verdes y cocina hasta que desprendan un aroma fragante, durante 1 minuto. Agrega los tomates, la albahaca, la mejorana, la sal y la pimienta. Lleva la salsa a ebullición, luego reduce el fuego y cocina a fuego lento durante 15 minutos, revolviendo de vez en cuando.

En un procesador de alimentos, mezcle el queso crema hasta que quede una mezcla homogénea. Agregue 2 tazas de salsa de tomate y mezcle hasta que quede una mezcla homogénea. Vuelva a colocar la mezcla de tofu y tomate en la cacerola con la salsa de tomate, revolviendo para mezclar. Pruebe y ajuste los condimentos si es necesario. Mantenga caliente a fuego lento.

En una olla grande con agua hirviendo con sal, cocina la pasta a fuego medio-alto, revolviendo de vez en cuando, hasta que esté al dente, unos 10 minutos. Escúrrela bien y transfiérela a un recipiente grande para servir. Agrega la salsa y revuelve suavemente para combinar. Espolvorea con perejil y sirve inmediatamente.

36. Lasaña clásica de tofu

Rinde 6 porciones

- 12 onzas de fideos de lasaña
- 1 libra de tofu firme, escurrido y desmenuzado
- 1 libra de tofu blando, escurrido y desmenuzado
- 2 cucharadas de levadura nutricional
- 1 cucharadita de jugo de limón fresco
- 1 cucharadita de sal
- $1/4$ cucharadita de pimienta negra recién molida

- 3 cucharadas de perejil fresco picado
- $1/2$ taza de parmesano o parmasio vegano
- 4 tazas de salsa marinara, casera (ver Salsa Marinara) o comprada en la tienda

En una olla con agua hirviendo con sal, cocina los fideos a fuego medio-alto, revolviendo de vez en cuando hasta que estén al dente, aproximadamente 7 minutos. Precalienta el horno a 350 °F. En un tazón grande, combina los tofus firmes y blandos. Agrega los Levadura $_{nutricional}$, jugo de limón, sal, pimienta, perejil y $1/4$ taza de parmesano. Mezclar hasta que esté bien combinado.

Coloca una capa de salsa de tomate en el fondo de una fuente para horno de 23 x 33 cm. Cubre con una capa de fideos cocidos. Distribuye la mitad de la mezcla de tofu de manera uniforme sobre los fideos. Repite con otra capa de fideos seguida de una capa de salsa. Distribuye la mezcla de tofu restante sobre la salsa y termina con una capa final de fideos y salsa. Espolvorea con el $1/4\ _{de}$ taza restante de parmesano. Si queda salsa, guárdala y sírvela caliente en un bol junto con la lasaña.

Cubrir con papel aluminio y hornear durante 45 minutos. Retirar la tapa y hornear durante 10 minutos más. Dejar reposar durante 10 minutos antes de servir.

37. Lasaña de acelgas rojas y espinacas

Rinde 6 porciones

- 12 onzas de fideos de lasaña
- 1 cucharada de aceite de oliva
- 2 dientes de ajo picados
- 8 onzas de acelga roja fresca, sin los tallos duros y picada en trozos grandes
- 9 onzas de espinacas tiernas frescas, picadas en trozos grandes
- 1 libra de tofu firme, escurrido y desmenuzado
- 1 libra de tofu blando, escurrido y desmenuzado
- 2 cucharadas de levadura nutricional
- 1 cucharadita de jugo de limón fresco
- 2 cucharadas de perejil de hoja plana fresco picado
- 1 cucharadita de sal

- ¼ cucharadita de pimienta negra recién molida
- 3 ½ tazas de salsa marinara, casera o comprada

En una olla con agua hirviendo con sal, cocina los fideos a fuego medio-alto, revolviendo de vez en cuando, hasta que estén al dente, aproximadamente 7 minutos. Precalienta el horno a 350 °F.

En una cacerola grande, calienta el aceite a fuego medio. Agrega el ajo y cocina hasta que desprenda un aroma agradable. Agrega la acelga y cocina, revolviendo hasta que se ablande, aproximadamente 5 minutos. Agrega la espinaca y continúa cocinando, revolviendo hasta que se ablande, aproximadamente 5 minutos más. Tapa y cocina hasta que esté blanda, aproximadamente 3 minutos. Destapa y deja enfriar. Cuando esté lo suficientemente fría como para manipularla, escurre la humedad restante de las hojas verdes, presionándolas con una cuchara grande para exprimir el exceso de líquido. Coloca las hojas verdes en un tazón grande. Agrega el tofu, la levadura nutricional, el jugo de limón, el perejil, la sal y la pimienta. Mezcla hasta que estén bien combinados.

Coloca una capa de salsa de tomate en el fondo de una fuente para horno de 23 x 33 cm. Cubre con una capa de fideos. Distribuye la mitad de la mezcla de tofu de manera uniforme sobre los fideos. Repite con otra capa de fideos y una capa de salsa. Distribuye el resto de la mezcla de tofu sobre la salsa y termina con una última capa de fideos, salsa y cubre con parmesano.

Cubrir con papel aluminio y hornear durante 45 minutos. Retirar la tapa y hornear durante 10 minutos más. Dejar reposar durante 10 minutos antes de servir.

38. Lasaña de verduras asadas

Rinde 6 porciones

- 1 calabacín mediano, cortado en rodajas de $1/4$ pulgada
- 1 berenjena mediana, cortada en rodajas de $1/4$ pulgada
- 1 pimiento rojo mediano, cortado en cubitos
- 2 cucharadas de aceite de oliva
- Sal y pimienta negra recién molida
- 8 onzas de fideos de lasaña

- 1 libra de tofu firme, escurrido, secado y desmenuzado
- 1 libra de tofu blando, escurrido, secado y desmenuzado
- 2 cucharadas de levadura nutricional
- 2 cucharadas de perejil de hoja plana fresco picado
- 3 $1/2$ tazas de salsa marinara, casera (ver Salsa Marinara) o comprada en la tienda

Precaliente el horno a 425 °F. Coloque el calabacín, la berenjena y el pimiento morrón en una bandeja para hornear de 9 x 13 pulgadas ligeramente engrasada. Rocíe con el aceite y sazone con sal y pimienta negra a gusto. Ase las verduras hasta que estén tiernas y ligeramente doradas, aproximadamente 20 minutos. Retire del horno y deje enfriar. Baje la temperatura del horno a 350 °F.

En una olla con agua hirviendo con sal, cocina los fideos a fuego medio-alto, revolviendo de vez en cuando, hasta que estén al dente, aproximadamente 7 minutos. Escúrrelos y déjalos a un lado. En un recipiente grande, combina el tofu con la levadura nutricional, el perejil y sal y pimienta al gusto. Mezcla bien.

Para armar, esparce una capa de salsa de tomate en el fondo de una fuente para horno de 23 x 33 cm. Cubre la salsa con una capa de fideos. Cubre los fideos con la mitad de las verduras asadas y luego esparce la mitad de la mezcla de tofu sobre las verduras. Repite con otra capa de fideos y cubre con más salsa. Repite el proceso de capas con las verduras restantes y la mezcla de tofu, terminando con una capa de fideos y salsa. Espolvorea parmesano por encima.

Tapar y hornear durante 45 minutos. Retirar la tapa y hornear otros 10 minutos. Retirar del horno y dejar reposar durante 10 minutos antes de cortar.

39. Lasaña con radicchio y champiñones

Rinde 6 porciones

- 1 cucharada de aceite de oliva
- 2 dientes de ajo picados
- 1 cabeza pequeña de radicchio, rallada
- 8 onzas de hongos cremini, ligeramente enjuagados, secados y cortados en rodajas finas
- Sal y pimienta negra recién molida
- 8 onzas de fideos de lasaña
- 1 libra de tofu firme, escurrido, secado y desmenuzado
- 1 libra de tofu blando, escurrido, secado y desmenuzado
- 3 cucharadas de levadura nutricional
- 2 cucharadas de perejil fresco picado

- 3 tazas de salsa marinara, casera (ver Salsa Marinara) o comprada en la tienda

En una sartén grande, calienta el aceite a fuego medio. Agrega el ajo, la achicoria y los champiñones. Tapa y cocina, revolviendo de vez en cuando, hasta que estén tiernos, unos 10 minutos. Sazona con sal y pimienta a gusto y reserva.

En una olla con agua hirviendo con sal, cocina los fideos a fuego medio-alto, revolviendo de vez en cuando, hasta que estén al dente, aproximadamente 7 minutos. Escúrrelos y déjalos a un lado. Precalienta el horno a 350 °F.

En un bol grande, combine el tofu firme y blando. Agregue la levadura nutricional y el perejil y mezcle hasta que se integren bien. Mezcle la mezcla de radicchio y hongos y sazone con sal y pimienta a gusto.

Coloca una capa de salsa de tomate en el fondo de una fuente para horno de 23 x 33 cm. Cubre con una capa de fideos. Distribuye la mitad de la mezcla de tofu uniformemente sobre los fideos. Repite con otra capa de fideos seguida de una capa de salsa. Distribuye el resto de la mezcla de tofu por encima y termina con una última capa de fideos y salsa. Espolvorea la parte superior con nueces molidas.

Cubrir con papel aluminio y hornear durante 45 minutos. Retirar la tapa y hornear durante 10 minutos más. Dejar reposar durante 10 minutos antes de servir.

40. Lasaña Primavera

Rinde de 6 a 8 porciones

- 8 onzas de fideos de lasaña
- 2 cucharadas de aceite de oliva
- 1 cebolla amarilla pequeña, picada
- 3 dientes de ajo picados
- 6 onzas de tofu sedoso, escurrido
- 3 tazas de leche de soja natural sin azúcar
- 3 cucharadas de levadura nutricional
- $1/8$ cucharadita de nuez moscada molida
- Sal y pimienta negra recién molida
- 2 tazas de floretes de brócoli picados
- 2 zanahorias medianas, picadas

- 1 calabacín pequeño, cortado a la mitad o en cuartos a lo largo y en rodajas de $1/4$ de pulgada
- 1 pimiento rojo mediano, picado
- 2 libras de tofu firme, escurrido y secado.
- 2 cucharadas de perejil de hoja plana fresco picado
- $1/2$ taza de parmesano o parmasio vegano
- $1/2$ taza de almendras molidas o piñones

Precaliente el horno a 350 °F. En una olla con agua hirviendo con sal, cocine los fideos a fuego medio-alto, revolviendo de vez en cuando, hasta que estén al dente, aproximadamente 7 minutos. Escurra y reserve.

En una sartén pequeña, calienta el aceite a fuego medio. Agrega la cebolla y el ajo, tapa y cocina hasta que estén tiernos, aproximadamente 5 minutos. Pasa la mezcla de cebolla a una licuadora. Agrega el tofu sedoso, la leche de soya, la levadura nutricional, la nuez moscada, y sal y pimienta al gusto. Licuar hasta que quede una mezcla homogénea y reservar.

Cocine al vapor el brócoli, las zanahorias, el calabacín y el pimiento morrón hasta que estén tiernos. Retire del fuego. Desmenuce el tofu firme en un tazón grande. Agregue el perejil y $1/4$ taza de parmesano y sazone con sal y pimienta. pimienta al gusto. Mezclar hasta que esté bien mezclado. Incorporar las verduras al vapor y mezclar bien, agregando más sal y pimienta, si es necesario.

Coloca una capa de salsa blanca en el fondo de una fuente para horno de 23 x 33 cm ligeramente engrasada. Cubre con una capa de fideos. Distribuye la mitad de la mezcla de tofu y verduras de manera uniforme sobre los fideos. Repite con otra capa de fideos, seguida de una capa de salsa. Distribuye la mezcla de tofu restante encima y termina con una capa final de fideos y salsa, terminando con el $1/4$ de taza restante de parmesano. Cubrir con papel aluminio y hornear durante 45 minutos.

41. Lasaña de frijoles negros y calabaza

Rinde de 6 a 8 porciones

- 12 fideos de lasaña
- 1 cucharada de aceite de oliva
- 1 cebolla amarilla mediana, picada
- 1 pimiento rojo mediano, picado
- 2 dientes de ajo picados
- 1 １/₂ tazas de frijoles cocidos o 1 lata (15,5 onzas) de frijoles negros, escurridos y enjuagados
- (14,5 onzas) lata de tomates triturados
- 2 cucharaditas de chile en polvo
- Sal y pimienta negra recién molida
- 1 libra de tofu firme, bien escurrido
- 3 cucharadas de perejil o cilantro fresco picado
- 1 lata (16 onzas) de puré de calabaza
- 3 tazas de salsa de tomate casera (ver Salsa de tomate fresco) o comprada en la tienda

En una olla con agua hirviendo con sal, cocina los fideos a fuego medio-alto, revolviendo de vez en cuando, hasta que estén al dente, aproximadamente 7 minutos. Escúrrelos y reserva. Precalienta el horno a 375 °F.

En una sartén grande, calienta el aceite a fuego medio. Agrega la cebolla, tapa y cocina hasta que se ablande. Agrega el pimiento morrón y el ajo y cocina hasta que se ablanden, 5 minutos más. Agrega los frijoles, los tomates, 1 cucharadita de chile en polvo y sal y pimienta negra al gusto. Mezcla bien y reserva.

En un bol grande, combine el tofu, el perejil, la cucharadita restante de chile en polvo y sal y pimienta negra al gusto. Deje a un lado. En un bol mediano, combine la calabaza con la salsa y revuelva para mezclar bien. Sazone con sal y pimienta al gusto.

Coloca aproximadamente ¾ de taza de la mezcla de calabaza en el fondo de una fuente para horno de 9 x 13 pulgadas. Cubre con 4 de los fideos. Cubre con la mitad de la mezcla de frijoles, seguida de la mitad de la mezcla de tofu. Cubre con cuatro de los fideos, seguido de una capa de la mezcla de calabaza, luego la mezcla de frijoles restante, cubre con los fideos restantes. Distribuye la mezcla de tofu restante sobre los fideos, seguida de la mezcla de calabaza restante, extendiéndola hasta los bordes de la fuente.

Cubrir con papel de aluminio y hornear hasta que esté caliente y burbujeante, aproximadamente 50 minutos. Destapar, espolvorear con semillas de calabaza y dejar reposar 10 minutos antes de servir.

42. Manicotti relleno de acelga

Rinde 4 porciones

- 12 manicotti
- 3 cucharadas de aceite de oliva
- 1 cebolla pequeña picada
- 1 manojo mediano de acelgas, con los tallos duros recortados y picados
- 1 libra de tofu firme, escurrido y desmenuzado
- Sal y pimienta negra recién molida
- 1 taza de anacardos crudos
- 3 tazas de leche de soja natural sin azúcar

- $1/8$ cucharadita de nuez moscada molida
- $1/8$ cucharadita de pimienta cayena molida
- 1 taza de pan rallado seco sin condimentar

Precaliente el horno a 350 °F. Engrase ligeramente una fuente para hornear de 9 x 13 pulgadas y reserve.

En una olla con agua hirviendo con sal, cocina los manicotti a fuego medio-alto, revolviendo de vez en cuando, hasta que estén al dente, unos 8 minutos. Escúrrelos bien y pásalos por agua fría. Reserva.

En una sartén grande, calienta 1 cucharada de aceite a fuego medio. Agrega la cebolla, tapa y cocina hasta que se ablande, aproximadamente 5 minutos. Agrega la acelga, tapa y cocina hasta que la acelga esté tierna, revolviendo ocasionalmente, aproximadamente 10 minutos. Retira del fuego y agrega el tofu, revolviendo para mezclar bien. Sazona bien con sal y pimienta a gusto y reserva.

En una licuadora o procesador de alimentos, muele los anacardos hasta convertirlos en polvo. Agrega 1 taza y media de leche de soya, la nuez moscada, la pimienta de cayena y sal a gusto. Licúa hasta que quede una mezcla homogénea. Agrega las 1 taza y media restantes de leche de soya y licua hasta que quede una mezcla cremosa. Prueba y ajusta los condimentos si es necesario.

Extiende una capa de la salsa en el fondo de la fuente para horno preparada. Coloca aproximadamente $1/3$ de taza de la salsa . Relleno de acelgas en los manicotti. Coloca los manicotti rellenos en una sola capa en la fuente para horno. Vierta la salsa restante sobre los manicotti. En un tazón pequeño, combine las migas de pan y las 2 cucharadas restantes de aceite y espolvoree sobre los manicotti. Cubra con papel de aluminio y hornee hasta que esté caliente y burbujeante, aproximadamente 30 minutos. Sirva inmediatamente.

43. Manicotti de espinacas

Rinde 4 porciones

- 12 manicotti
- 1 cucharada de aceite de oliva
- 2 chalotes medianos, picados
- 2 paquetes (10 onzas) de espinacas picadas congeladas, descongeladas
- 1 libra de tofu extra firme, escurrido y desmenuzado
- $1/4$ cucharadita de nuez moscada molida
- Sal y pimienta negra recién molida
- 1 taza de trozos de nueces tostadas
- 1 taza de tofu blando, escurrido y desmenuzado
- $1/4$ taza de levadura nutricional
- 2 tazas de leche de soja natural sin azúcar
- 1 taza de pan rallado seco

Precaliente el horno a 350 °F. Engrase ligeramente una fuente para horno de 9 x 13 pulgadas. En una olla con agua hirviendo con sal, cocine los manicotti a fuego medio-alto, revolviendo de vez en cuando, hasta que estén al dente, aproximadamente 10 minutos. Escúrralos bien y póngalos bajo agua fría. Déjelos a un lado.

En una sartén grande, calienta el aceite a fuego medio. Agrega las chalotas y cocina hasta que se ablanden, aproximadamente 5 minutos. Exprime la espinaca para eliminar la mayor cantidad de líquido posible y agrégala a las chalotas. Sazona con nuez moscada, sal y pimienta a gusto y cocina 5 minutos, revolviendo para mezclar los sabores. Agrega el tofu extra firme y revuelve para mezclar bien. Reserva.

En un procesador de alimentos, procesa las nueces hasta que queden bien molidas. Agrega el tofu blando, la levadura nutricional, la leche de soya y sal y pimienta al gusto. Procesa hasta que quede una mezcla homogénea.

Extiende una capa de salsa de nueces en el fondo de la fuente para horno preparada. Rellena los manicotti con el relleno. Coloca los manicotti rellenos en una sola capa en la fuente para horno. Coloca la salsa restante encima con una cuchara. Cubre con papel aluminio y hornea hasta que esté caliente, aproximadamente 30 minutos. Destapa, espolvorea con pan rallado y hornea 10 minutos más para dorar ligeramente la parte superior. Sirve de inmediato.

44. Rollitos de lasaña

Rinde 4 porciones

- 12 fideos de lasaña
- 4 tazas de espinacas frescas ligeramente compactas
- 1 taza de frijoles blancos cocidos o enlatados, escurridos y enjuagados
- 1 libra de tofu firme, escurrido y secado
- $1/2$ cucharadita de sal
- $1/4$ cucharadita de pimienta negra recién molida
- $1/8$ cucharadita de nuez moscada molida
- 3 tazas de salsa marinara, casera (ver Salsa Marinara) o comprada en la tienda

Precaliente el horno a 350 °F. En una olla con agua hirviendo con sal, cocine los fideos a fuego medio-alto, revolviendo de vez en cuando, hasta que estén al dente, aproximadamente 7 minutos.

Coloca la espinaca en un recipiente apto para microondas con 1 cucharada de agua. Cubre y cocina en el microondas durante 1 minuto hasta que se ablande. Retira del recipiente, exprime el líquido restante. Pasa la espinaca a un procesador de alimentos y pulsa para picar. Agrega los frijoles, el tofu, la sal y la pimienta y procesa hasta que estén bien combinados. Reserva.

Para armar los rollitos, coloque los fideos sobre una superficie plana. Extienda aproximadamente 3 cucharadas de la mezcla de tofu y espinaca sobre la superficie de cada fideo y enróllelos. Repita el procedimiento con los ingredientes restantes. Extienda una capa de salsa de tomate en el fondo de una cazuela poco profunda. Coloque los rollitos en posición vertical sobre la salsa y vierta un poco de la salsa restante sobre cada rollito. Cubra con papel de aluminio y hornee durante 30 minutos. Sirva inmediatamente.

45. Raviolis de calabaza con guisantes

Rinde 4 porciones

- 1 taza de puré de calabaza enlatado
- $1/2$ taza de tofu extra firme, bien escurrido y desmenuzado
- 2 cucharadas de perejil fresco picado

- Pizca de nuez moscada molida
- Sal y pimienta negra recién molida
- 1 receta <u>de masa para pasta sin huevo</u>
- 2 o 3 chalotes medianos, cortados a lo largo por la mitad y en rodajas de $1/4$ de pulgada
- 1 taza de guisantes tiernos congelados, descongelados

Utilice una toalla de papel para secar el exceso de líquido de la calabaza y el tofu, luego combine todo en un procesador de alimentos con la levadura nutricional, el perejil, la nuez moscada y sal y pimienta al gusto. Deje de lado.

Para hacer los ravioles, extienda la masa de pasta en una superficie ligeramente enharinada. Corte la masa en

Tiras de 2 pulgadas de ancho. Coloque 1 cucharadita colmada de relleno sobre 1 tira de pasta, aproximadamente a 1 pulgada de la parte superior. Coloque otra cucharadita de relleno sobre la tira de pasta, aproximadamente una pulgada por debajo de la primera cucharada de relleno. Repita a lo largo de toda la tira de masa. Humedezca ligeramente los bordes de la masa con agua y coloque una segunda tira de pasta sobre la primera, cubriendo el relleno. Presione las dos capas de masa juntas entre las porciones de relleno. Use un cuchillo para recortar los lados de la masa para que quede recta, luego corte la masa a lo ancho entre cada montículo de relleno para hacer ravioles cuadrados. Asegúrese de presionar para sacar las bolsas de aire alrededor del relleno antes de sellar. Use los dientes de un tenedor para presionar a lo largo de los bordes de la masa para sellar los ravioles. Transfiera los ravioles a un plato enharinado y repita con la masa y la salsa restantes. Deje de lado.

En una sartén grande, calienta el aceite a fuego medio. Añade las chalotas y cocina, revolviendo de vez en cuando, hasta que adquieran un color dorado intenso pero no quemado, unos 15 minutos. Incorpora los guisantes y sazona con sal y pimienta a gusto. Mantén caliente a fuego muy lento.

En una olla grande con agua hirviendo con sal, cocina los ravioles hasta que floten, unos 5 minutos. Escúrrelos bien y transfiérelos a la sartén con las chalotas y los guisantes. Cocínalos durante un minuto o dos para mezclar los sabores y luego transfiérelos a un recipiente grande para servir. Sazona con abundante pimienta y sirve inmediatamente.

46. Raviolis de alcachofas y nueces

Rinde 4 porciones

- $1/3$ taza más 2 cucharadas de aceite de oliva
- 3 dientes de ajo picados
- 1 paquete (10 onzas) de espinacas congeladas, descongeladas y exprimidas hasta secarlas
- 1 taza de corazones de alcachofa congelados, descongelados y picados
- $1/3$ taza de tofu firme, escurrido y desmenuzado
- 1 taza de trozos de nueces tostadas
- $1/4$ taza de perejil fresco bien compacto
- Sal y pimienta negra recién molida
- 1 receta de masa para pasta sin huevo
- 12 hojas de salvia fresca

En una sartén grande, calienta 2 cucharadas de aceite a fuego medio. Agrega el ajo, las espinacas y los corazones de alcachofa. Tapa y cocina hasta que el ajo esté suave y el líquido se absorba, aproximadamente 3 minutos, revolviendo ocasionalmente. Transfiere la mezcla a un procesador de alimentos. Agrega el tofu, $1/4$ taza de nueces, el perejil, sal y pimienta al gusto. Procesar hasta que esté picado y bien mezclado.

Dejar enfriar.

Para hacer los ravioles, extienda la masa muy fina (aproximadamente $1/8$ de pulgada) sobre una superficie ligeramente enharinada y Córtala en tiras de 5 cm de ancho. Coloca 1 cucharadita colmada de relleno sobre una tira de pasta, a unos 2,5 cm de la parte superior. Coloca otra cucharadita de relleno sobre la tira de pasta, unos 2,5 cm por debajo de la primera cucharada de relleno. Repite el procedimiento a lo largo de toda la tira de masa.

Humedezca ligeramente los bordes de la masa con agua y coloque una segunda tira de pasta encima de la primera, cubriendo el relleno.

Presione las dos capas de masa entre las porciones de relleno. Use un cuchillo para recortar los lados de la masa para que quede recta y luego corte transversalmente la masa entre cada montoncito de relleno para formar ravioles cuadrados. Use los dientes de un tenedor para presionar a lo largo de los bordes de la masa para sellar los ravioles. Transfiera los ravioles a un plato enharinado y repita con la masa y el relleno restantes.

Cocine los ravioles en una olla grande con agua hirviendo con sal hasta que floten, aproximadamente 7 minutos. Escúrralos bien y déjelos a un lado. En una sartén grande, caliente el $1/3$ de taza de aceite restante a fuego medio. Agregue la salvia y las ¾ de taza restantes de nueces y cocine hasta que la salvia esté crujiente y las nueces se vuelvan fragantes.

Añade los ravioles cocidos y cocina, revolviendo suavemente, para cubrirlos con la salsa y calentarlos. Sirve inmediatamente.

47. Tortellini con salsa de naranja

Rinde 4 porciones

- 1 cucharada de aceite de oliva
- 3 dientes de ajo finamente picados
- 1 taza de tofu firme, escurrido y desmenuzado
- ¾ taza de perejil fresco picado
- ¼ taza de parmesano o parmasio vegano
- Sal y pimienta negra recién molida
- 1 receta de masa para pasta sin huevo
- 2 ½ tazas de salsa marinara, casera (ver Salsa Marinara) o comprada en la tienda Ralladura de 1 naranja
- ½ cucharadita de pimiento rojo triturado

- $1/2$ taza de crema de soja o leche de soja natural sin azúcar

En una sartén grande, calienta el aceite a fuego medio. Agrega el ajo y cocina hasta que esté tierno, aproximadamente 1 minuto. Agrega el tofu, el perejil, el parmesano y sal y pimienta negra a gusto. Mezcla hasta que esté bien mezclado. Deja enfriar.

Para hacer los tortellini, estire la masa hasta que quede fina (aproximadamente $1/8$ pulgada) y córtela en cuadrados de $2\ 1/2$ pulgadas. Coloque

1 cucharadita de relleno justo fuera del centro y dobla una esquina del cuadrado de pasta sobre el relleno para formar un triángulo. Presiona los bordes para sellarlos, luego envuelve el triángulo, con la punta central hacia abajo, alrededor de tu dedo índice, presionando los extremos para que se adhieran. Dobla hacia abajo la punta del triángulo y deslízalo hacia afuera con tu dedo. Reserva en un plato ligeramente enharinado y continúa con el resto de la masa y el relleno.

En una cacerola grande, combine la salsa marinara, la ralladura de naranja y el pimiento rojo triturado. Caliente hasta que esté caliente, luego agregue la crema de soya y mantenga caliente a fuego muy lento.

En una olla con agua hirviendo con sal, cocina los tortellini hasta que floten, aproximadamente 5 minutos. Escúrrelos bien y transfiérelos a un recipiente grande para servir. Agrega la salsa y revuelve suavemente para combinar. Sirve de inmediato.

48. Lo mein de verduras con tofu

Rinde 4 porciones

- 12 onzas de linguini
- 1 cucharada de aceite de sésamo tostado
- 3 cucharadas de salsa de soja
- 2 cucharadas de jerez seco
- 1 cucharada de agua
- Pizca de azúcar
- 1 cucharada de maicena

- 2 cucharadas de aceite de canola o de semilla de uva
- 1 libra de tofu extra firme, escurrido y cortado en cubitos
- 1 cebolla mediana, cortada por la mitad y en rodajas finas
- 3 tazas de floretes pequeños de brócoli
- 1 zanahoria mediana, cortada en rodajas de $1/4$ pulgada
- 1 taza de hongos shiitake o blancos frescos cortados en rodajas
- 2 dientes de ajo picados
- 2 cucharaditas de jengibre fresco rallado
- 2 cebollas verdes picadas

En una olla grande con agua hirviendo con sal, cocina los lingüines, revolviendo de vez en cuando, hasta que estén tiernos, unos 10 minutos. Escúrrelos bien y transfiérelos a un bol. Agrega 1 cucharadita de aceite de sésamo y revuelve para cubrirlos. Reserva.

En un bol pequeño, combine la salsa de soja, el jerez, el agua, el azúcar y las 2 cucharaditas restantes de aceite de sésamo. Agregue la maicena y revuelva hasta que se disuelva. Deje reposar.

En una sartén grande o wok, calienta 1 cucharada de canola a fuego medio-alto. Agrega el tofu y cocina hasta que esté dorado, aproximadamente 10 minutos. Retíralo de la sartén y reserva.

Vuelva a calentar el aceite de canola restante en la misma sartén. Agregue la cebolla, el brócoli y la zanahoria y saltee hasta que estén tiernos, aproximadamente 7 minutos. Agregue los hongos, el ajo, el jengibre y las cebollas verdes y saltee durante 2 minutos. Agregue la salsa y los lingüines cocidos y revuelva para mezclar bien. Cocine hasta que se caliente por completo. Pruebe, ajuste los condimentos y agregue más salsa de soja si es necesario. Sirva inmediatamente.

49. Pad Thai

Rinde 4 porciones

- 12 onzas de fideos de arroz secos
- $1/3$ taza de salsa de soja
- 2 cucharadas de jugo de limón fresco
- 2 cucharadas de azúcar moreno claro
- 1 cucharada de pasta de tamarindo (ver nota al pie)
- 1 cucharada de pasta de tomate
- 3 cucharadas de agua
- $1/2$ cucharadita de pimiento rojo triturado
- 3 cucharadas de aceite de canola o de semilla de uva
- 1 libra de tofu extra firme, escurrido, prensado (ver Tofu) y cortado en dados de $1/2$ pulgada
- 4 cebollas verdes picadas

- 2 dientes de ajo picados
- $1/3$ taza de maní tostado en seco sin sal, picado grueso
- 1 taza de brotes de soja, para decorar
- 1 lima cortada en gajos para decorar

Remoje los fideos en un recipiente grande con agua caliente hasta que se ablanden, de 5 a 15 minutos, según el grosor de los fideos. Escúrralos bien y enjuáguelos con agua fría. Transfiera los fideos escurridos a un recipiente grande y déjelos a un lado.

En un bol pequeño, combine la salsa de soja, el jugo de lima, el azúcar, la pasta de tamarindo, la pasta de tomate, el agua y el pimiento rojo triturado. Revuelva para mezclar bien y reserve.

En una sartén grande o wok, calienta 2 cucharadas de aceite a fuego medio. Agrega el tofu y saltea hasta que se dore, aproximadamente 5 minutos. Transfiere a una fuente y reserva.

En la misma sartén o wok, calienta la cucharada restante de aceite a fuego medio. Agrega la cebolla y saltea durante 1 minuto. Agrega las cebollas verdes y el ajo, saltea durante 30 segundos, luego agrega el tofu cocido y cocina alrededor de 5 minutos, revolviendo ocasionalmente, hasta que se doren. Agrega los fideos cocidos y revuelve para combinar y calentar.

Incorpore la salsa y cocine, revolviendo para cubrir, agregando un chorrito o dos de agua adicional, si es necesario . para evitar que se peguen. Cuando los fideos estén calientes y tiernos, colóquelos en una fuente para servir y espolvoree con maní y cilantro. Adorne con brotes de soja y rodajas de lima en el costado de la fuente. Sirva caliente.

50. Espaguetis borrachos con tofu

Rinde 4 porciones

- 12 onzas de espaguetis
- 3 cucharadas de salsa de soja
- 1 cucharada de salsa de ostras vegetariana (opcional)
- 1 cucharadita de azúcar moreno claro
- 8 onzas de tofu extra firme, escurrido y prensado (ver Tofu)
- 2 cucharadas de aceite de canola o de semilla de uva
- 1 cebolla roja mediana, cortada en rodajas finas
- 1 pimiento rojo mediano, cortado en rodajas finas

- 1 taza de guisantes, recortados
- 2 dientes de ajo picados
- $1/2$ cucharadita de pimiento rojo triturado
- 1 taza de hojas frescas de albahaca tailandesa

En una olla con agua hirviendo con sal, cocina los espaguetis a fuego medio-alto, revolviendo de vez en cuando, hasta que estén al dente, unos 8 minutos. Escúrrelos bien y transfiérelos a un bol grande. En un bol pequeño, combina la salsa de soja, la salsa de ostras (si la usas) y el azúcar. Mezcla bien y luego vierte sobre los espaguetis reservados, revolviendo para cubrirlos. Reserva.

Corte el tofu en tiras de $1/2$ pulgada. En una sartén grande o wok, caliente 1 cucharada de aceite a fuego medio-alto. Agregue el tofu y cocine hasta que esté dorado, aproximadamente 5 minutos. Retire de la sartén y reserve.

Vuelve a poner la sartén al fuego y añade la cucharada restante de aceite de canola. Añade la cebolla, el pimiento morrón, los guisantes, el ajo y el pimiento rojo triturado. Saltea hasta que las verduras estén tiernas, unos 5 minutos. Añade los espaguetis cocidos y la mezcla de salsa, el tofu cocido y la albahaca y saltea hasta que estén calientes, unos 4 minutos.

TEMPLE

51. Espaguetis estilo carbonara

Rinde 4 porciones

- 2 cucharadas de aceite de oliva
- 3 chalotes medianos, picados
- 4 onzas de tocino de tempeh, casero (ver Tocino de tempeh) o comprado en la tienda, picado
- 1 taza de leche de soja natural sin azúcar
- $1/2$ taza de tofu suave o sedoso, escurrido
- $1/4$ taza de levadura nutricional
- Sal y pimienta negra recién molida
- 1 libra de espaguetis
- 3 cucharadas de perejil fresco picado

En una sartén grande, calienta el aceite a fuego medio. Agrega las chalotas y cocínalas hasta que estén tiernas, unos 5 minutos. Agrega el tocino de tempeh y cocínalo, revolviendo con frecuencia, hasta que esté ligeramente dorado, unos 5 minutos. Reserva.

En una licuadora, combine la leche de soya, el tofu, la levadura nutricional y la sal y la pimienta a gusto. Licue hasta obtener una mezcla homogénea. Reserve.

En una olla grande con agua hirviendo con sal, cocina los espaguetis a fuego medio-alto, revolviendo de vez en cuando, hasta que estén al dente, unos 10 minutos. Escúrrelos bien y transfiérelos a un bol grande para servir. Agrega la mezcla de tofu, $1/4$ taza de parmesano y toda la mezcla de tocino y tempeh, menos 2 cucharadas.

Mezcle suavemente para combinar y probar, ajustando los condimentos si es necesario, agregando un poco más de leche de soja si está demasiado seco. Cubra con un poco de pimienta molida, el tocino de tempeh restante, el parmesano restante y el perejil. Sirva inmediatamente.

51. Tempeh y verduras salteadas

Rinde 4 porciones

- 10 onzas de tempeh
- Sal y pimienta negra recién molida
- 2 cucharaditas de maicena
- 4 tazas de floretes pequeños de brócoli
- 2 cucharadas de aceite de canola o de semilla de uva
- 2 cucharadas de salsa de soja
- 2 cucharadas de agua
- 1 cucharada de mirin
- $1/2$ cucharadita de pimiento rojo triturado
- 2 cucharaditas de aceite de sésamo tostado
- 1 pimiento rojo mediano, cortado en rodajas de $1/2$ pulgada
- 6 onzas de hongos blancos, ligeramente enjuagados, secados y cortados en rodajas de $1/2$ pulgada
- 2 dientes de ajo picados

- 3 cucharadas de cebollas verdes picadas
- 1 cucharadita de jengibre fresco rallado

En una cacerola mediana con agua hirviendo, cocina el tempeh durante 30 minutos. Escúrrelo, sécalo y déjalo enfriar. Corta el tempeh en cubos de $1/2$ pulgada y colócalos en un recipiente poco profundo. Sazona con sal y pimienta negra a gusto, espolvorea con la maicena y revuelve para cubrir. Reserva.

Cocine al vapor el brócoli hasta que esté casi tierno, aproximadamente 5 minutos. Páselo por agua fría para detener el proceso de cocción y conservar el color verde brillante. Déjelo a un lado.

En una sartén grande o wok, calienta 1 cucharada de aceite de canola a fuego medio-alto. Agrega el tempeh y saltea hasta que se dore, aproximadamente 5 minutos. Retíralo de la sartén y reserva.

En un bol pequeño, combine la salsa de soja, el agua, el mirin, el pimiento rojo triturado y el aceite de sésamo. Reserve.

Vuelve a calentar la misma sartén a fuego medio-alto. Agrega la cucharada restante de aceite de canola. Agrega el pimiento morrón y los champiñones y saltea hasta que se ablanden, aproximadamente 3 minutos. Agrega el ajo, las cebollas verdes y el jengibre y saltea durante 1 minuto. Agrega el brócoli al vapor y el tempeh frito y saltea durante 1 minuto. Incorpora la mezcla de salsa de soja y saltea hasta que el tempeh y las verduras estén calientes y bien cubiertos con la salsa. Sirve de inmediato.

52. Tempeh teriyaki

Rinde 4 porciones

- 1 libra de tempeh, cortado en rodajas de $1/4$ de pulgada
- $1/4$ taza de jugo de limón fresco
- 1 cucharadita de ajo picado
- 2 cucharadas de cebollas verdes picadas
- 2 cucharaditas de jengibre fresco rallado
- 1 cucharada de azúcar
- 2 cucharadas de aceite de sésamo tostado
- 1 cucharada de maicena
- 2 cucharadas de agua
- 2 cucharadas de aceite de canola o de semilla de uva

En una cacerola mediana con agua hirviendo, cocina el tempeh durante 30 minutos. Escúrrelo y colócalo en un plato grande y poco profundo. En un tazón pequeño, combina la salsa de soja, el jugo de limón, el ajo, las cebollas verdes, el jengibre, el azúcar, el aceite de sésamo, la maicena y el agua. Mezcla bien y luego vierte la marinada sobre el tempeh cocido, dándole vueltas para cubrirlo. Deja marinar el tempeh durante 1 hora.

En una sartén grande, calienta el aceite de canola a fuego medio. Retira el tempeh de la marinada y reserva la marinada. Agrega el tempeh a la sartén caliente y cocínalo hasta que se dore por ambos lados, aproximadamente 4 minutos por lado. Agrega la marinada reservada y cocina a fuego lento hasta que el líquido espese, aproximadamente 8 minutos. Sirve de inmediato.

53. Tempeh a la parrilla

Rinde 4 porciones

- 1 libra de tempeh, cortado en barras de 2 pulgadas
- 2 cucharadas de aceite de oliva
- 1 cebolla mediana, picada
- 1 pimiento rojo mediano, picado
- 2 dientes de ajo picados
- (14,5 onzas) lata de tomates triturados
- 2 cucharadas de melaza oscura
- 2 cucharadas de vinagre de sidra de manzana
- cucharada de salsa de soja
- 2 cucharaditas de mostaza marrón picante
- 1 cucharada de azúcar
- $1/2$ cucharadita de sal
- $1/4$ cucharadita de pimienta de Jamaica molida
- $1/4$ cucharadita de pimienta cayena molida

En una cacerola mediana con agua hirviendo, cocina el tempeh durante 30 minutos. Escúrrelo y reserva.

En una cacerola grande, calienta 1 cucharada de aceite a fuego medio. Agrega la cebolla, el pimiento morrón y el ajo. Tapa y cocina hasta que se ablanden, aproximadamente 5 minutos. Agrega los tomates, la melaza, el vinagre, la salsa de soja, la mostaza, el azúcar, la sal, la pimienta de Jamaica y la pimienta de cayena y deja que hierva. Reduce el fuego y cocina a fuego lento, sin tapar, durante 20 minutos.

En una sartén grande, calienta la cucharada de aceite restante a fuego medio. Agrega el tempeh y cocina hasta que se dore, dándole vuelta una vez, durante unos 10 minutos. Agrega suficiente salsa para cubrir generosamente el tempeh. Tapa y cocina a fuego lento para mezclar los sabores, durante unos 15 minutos. Sirve de inmediato.

54. Tempeh con naranja y bourbon

Rinde de 4 a 6 porciones

- 2 tazas de agua
- $1/2$ taza de salsa de soja
- rodajas finas de jengibre fresco
- 2 dientes de ajo, en rodajas
- 1 libra de tempeh, cortado en rodajas finas
- Sal y pimienta negra recién molida
- $1/4$ taza de aceite de canola o de semilla de uva
- 1 cucharada de azúcar moreno claro
- $1/8$ cucharadita de pimienta de Jamaica molida
- $1/3$ taza de jugo de naranja fresco
- $1/4$ taza de bourbon o 5 rodajas de naranja, cortadas por la mitad
- 1 cucharada de maicena mezclada con 2 cucharadas de agua

En una cacerola grande, combine el agua, la salsa de soja, el jengibre, el ajo y la ralladura de naranja. Coloque el tempeh en la marinada y déjelo hervir. Reduzca el fuego a mínimo y cocine a fuego lento durante 30 minutos. Retire el tempeh de la marinada y reserve la marinada. Espolvoree el tempeh con sal y pimienta al gusto. Coloque la harina en un recipiente poco profundo. Pase el tempeh cocido por la harina y reserve.

En una sartén grande, calienta el aceite a fuego medio. Añade el tempeh, en tandas si es necesario, y cocina hasta que se dore por ambos lados, unos 4 minutos por lado. Incorpora poco a poco la marinada reservada. Añade el azúcar, la pimienta de Jamaica, el jugo de naranja y el bourbon. Cubre el tempeh con las rodajas de naranja. Tapa y cocina a fuego lento hasta que la salsa adquiera una consistencia de almíbar y los sabores se hayan mezclado, unos 20 minutos.

Utilice una espumadera o una espátula para retirar el tempeh de la sartén y pasarlo a una fuente para servir. Manténgalo caliente. Agregue la mezcla de maicena a la salsa y cocine, revolviendo, hasta que espese. Reduzca el fuego y cocine a fuego lento, sin tapar, revolviendo constantemente, hasta que la salsa espese. Vierta la salsa sobre el tempeh y sirva inmediatamente.

55. Tempeh y batatas

Rinde 4 porciones

- 1 libra de tempeh
- 2 cucharadas de salsa de soja
- 1 cucharadita de cilantro molido
- $1/2$ cucharadita de cúrcuma
- 2 cucharadas de aceite de oliva
- 3 chalotes grandes, picados
- 1 o 2 batatas medianas, peladas y cortadas en dados de $1/2$ pulgada
- 2 cucharaditas de jengibre fresco rallado
- 1 taza de jugo de piña
- 2 cucharaditas de azúcar moreno claro
- Jugo de 1 lima

En una cacerola mediana con agua hirviendo, cocina el tempeh durante 30 minutos. Pásalo a un recipiente poco profundo. Agrega 2 cucharadas de salsa de soja, cilantro y cúrcuma, revolviendo para cubrir. Reserva.

En una sartén grande, calienta 1 cucharada de aceite a fuego medio. Agrega el tempeh y cocínalo hasta que se dore por ambos lados, aproximadamente 4 minutos por cada lado. Retíralo de la sartén y reserva.

En la misma sartén, calienta las 2 cucharadas restantes de aceite a fuego medio. Agrega las chalotas y las batatas. Tapa y cocina hasta que se ablanden un poco y se doren un poco, aproximadamente 10 minutos. Agrega el jengibre, el jugo de piña, la cucharada restante de salsa de soja y el azúcar, revolviendo para combinar. Reduce el fuego a bajo, agrega el tempeh cocido, tapa y cocina hasta que las papas estén blandas, aproximadamente 10 minutos. Pasa el tempeh y las batatas a una fuente para servir y mantén calientes. Revuelve el jugo de lima en la salsa y cocina a fuego lento durante 1 minuto para mezclar los sabores. Rocía la salsa sobre el tempeh y sirve inmediatamente.

56. Tempeh criollo

Rinde de 4 a 6 porciones

- 1 libra de tempeh, cortado en rodajas de $1/4$ de pulgada
- $1/4$ taza de salsa de soja
- 2 cucharadas de condimento criollo
- $1/2$ taza de harina para todo uso
- 2 cucharadas de aceite de oliva
- 1 cebolla amarilla dulce mediana, picada
- 2 costillas de apio picadas
- 1 pimiento verde mediano, picado
- 3 dientes de ajo picados
- 1 lata (14,5 onzas) de tomates cortados en cubitos, escurridos
- 1 cucharadita de tomillo seco
- $1/2$ taza de vino blanco seco
- Sal y pimienta negra recién molida

Colocar el tempeh en una cacerola grande con suficiente agua para cubrirlo. Agregar la salsa de soja y 1 cucharada de condimento criollo. Tapar y cocinar a fuego lento durante 30 minutos. Retirar el tempeh del líquido y reservar.

En un recipiente poco profundo, combine la harina con las 2 cucharadas restantes de condimento criollo y mezcle bien. Pase el tempeh por la mezcla de harina, cubriéndolo bien. En una sartén grande, caliente 1 cucharada de aceite a fuego medio. Agregue el tempeh rebozado y cocine hasta que se dore por ambos lados, aproximadamente 4 minutos por lado. Retire el tempeh de la sartén y déjelo a un lado.

En la misma sartén, calienta la cucharada restante de aceite a fuego medio. Agrega la cebolla, el apio, el pimiento morrón y el ajo. Tapa y cocina hasta que las verduras se ablanden, aproximadamente 10 minutos. Agrega los tomates y luego agrega el tempeh nuevamente a la sartén junto con el tomillo, el vino y 1 taza del líquido de cocción a fuego lento reservado. Sazona con sal y pimienta a gusto. Deja que hierva a fuego lento y cocina, sin tapar, durante aproximadamente 30 minutos para reducir el líquido y mezclar los sabores. Sirve de inmediato.

57. Tempeh con limón y alcaparras

Rinde de 4 a 6 porciones

- 1 libra de tempeh, cortado horizontalmente en rodajas de $1/4$ de pulgada
- $1/2$ taza de salsa de soja
- $1/2$ taza de harina para todo uso
- Sal y pimienta negra recién molida
- 2 cucharadas de aceite de oliva
- 2 chalotes medianos, picados
- 2 dientes de ajo picados
- 2 cucharadas de alcaparras
- $1/2$ taza de vino blanco seco
- $1/2$ taza de caldo de verduras, casero (ver Caldo de verduras ligero) o comprado en la tienda
- 2 cucharadas de margarina vegana
- Jugo de 1 limón
- 2 cucharadas de perejil fresco picado

Coloca el tempeh en una cacerola grande con suficiente agua para cubrirlo. Agrega la salsa de soja y cocina a fuego lento durante 30 minutos. Retira el tempeh de la cacerola y déjalo enfriar. En un recipiente poco profundo, combina la harina y la sal y la pimienta al gusto. Cubre el tempeh con la mezcla de harina, cubriéndolo por ambos lados. Reserva.

En una sartén grande, calienta 2 cucharadas de aceite a fuego medio. Agrega el tempeh, en tandas si es necesario, y cocina hasta que se dore por ambos lados, aproximadamente 8 minutos en total. Retira el tempeh de la sartén y reserva.

En la misma sartén, calienta la cucharada de aceite restante a fuego medio. Agrega las chalotas y cocina durante unos 2 minutos. Agrega el ajo, luego agrega las alcaparras, el vino y el caldo. Regresa el tempeh a la sartén y cocina a fuego lento durante 6 a 8 minutos. Agrega la margarina, el jugo de limón y el perejil, revolviendo para derretir la margarina. Sirve inmediatamente.

58. Tempeh con glaseado de arce y balsámico

Rinde 4 porciones

- 1 libra de tempeh, cortado en barras de 2 pulgadas
- 2 cucharadas de vinagre balsámico
- 2 cucharadas de jarabe de arce puro
- 1 $1/2$ cucharada de mostaza marrón picante
- 1 cucharadita de salsa tabasco
- 1 cucharada de aceite de oliva
- 2 dientes de ajo picados
- $1/2$ taza de caldo de verduras, casero (ver Caldo de verduras ligero) o comprado en la tienda Sal y pimienta negra recién molida

En una cacerola mediana con agua hirviendo, cocina el tempeh durante 30 minutos. Escúrrelo y sécalo.

En un tazón pequeño, combine el vinagre, el jarabe de arce, la mostaza y la salsa Tabasco. Reserve.

En una sartén grande, calienta el aceite a fuego medio. Añade el tempeh y cocínalo hasta que se dore por ambos lados, dándole vuelta una vez, durante unos 4 minutos por cada lado. Añade el ajo y cocínalo 30 segundos más.

Incorpora el caldo y salpimienta a gusto. Aumenta el fuego a medio-alto y cocina sin tapar durante unos 3 minutos o hasta que el líquido se haya evaporado casi por completo.

Añade la mezcla de mostaza reservada y cocina durante 1 o 2 minutos, dando vuelta el tempeh para que se cubra bien con la salsa y se glasee. Ten cuidado de que no se queme. Sirve inmediatamente.

59. Tentador chili de tempeh

Rinde de 4 a 6 porciones

- 1 libra de tempeh
- 1 cucharada de aceite de oliva
- 1 cebolla amarilla mediana, picada
- 1 pimiento verde mediano, picado
- 2 dientes de ajo picados
- cucharadas de chile en polvo
- 1 cucharadita de orégano seco
- 1 cucharadita de comino molido

- Lata de 28 onzas de tomates triturados
- $1/2$ taza de agua, y más si es necesario
- 1 $1/2$ taza de frijoles cocidos o 1 lata (15,5 onzas) de frijoles pintos, escurridos y enjuagados
- 1 lata (4 onzas) de chiles verdes suaves picados, escurridos
- Sal y pimienta negra recién molida
- 2 cucharadas de cilantro fresco picado

En una cacerola mediana con agua hirviendo, cocine el tempeh durante 30 minutos. Escúrralo y déjelo enfriar, luego píquelo finamente y resérvelo.

En una cacerola grande, calienta el aceite. Agrega la cebolla, el pimiento morrón y el ajo, tapa y cocina hasta que se ablanden, aproximadamente 5 minutos. Agrega el tempeh y cocina, sin tapar, hasta que se dore, aproximadamente 5 minutos. Agrega el chile en polvo, el orégano y el comino. Agrega los tomates, el agua, los frijoles y los chiles. Sazona con sal y pimienta negra a gusto. Mezcla bien para combinar.

Ponga a hervir, luego reduzca el fuego a bajo, cubra y cocine a fuego lento durante 45 minutos, revolviendo ocasionalmente y agregando un poco más de agua si es necesario.

Espolvorear con cilantro y servir inmediatamente.

60. Tempeh al cazador

Rinde de 4 a 6 porciones

- 1 libra de tempeh, cortado en rodajas finas
- 2 cucharadas de aceite de canola o de semilla de uva
- 1 cebolla roja mediana, cortada en dados de $1/2$ pulgada
- Pimiento rojo mediano, cortado en dados de $1/2$ pulgada
- zanahoria mediana, cortada en rodajas de $1/4$ pulgada
- 2 dientes de ajo picados
- 1 lata (28 onzas) de tomates cortados en cubitos, escurridos
- $1/4$ taza de vino blanco seco
- 1 cucharadita de orégano seco
- 1 cucharadita de albahaca seca
- Sal y pimienta negra recién molida

En una cacerola mediana con agua hirviendo, cocina el tempeh durante 30 minutos. Escúrrelo y sécalo.

En una sartén grande, calienta 1 cucharada de aceite a fuego medio. Agrega el tempeh y cocínalo hasta que se dore por ambos lados, de 8 a 10 minutos en total. Retíralo de la sartén y reserva.

En la misma sartén, calienta la cucharada restante de aceite a fuego medio. Agrega la cebolla, el pimiento morrón, la zanahoria y el ajo. Tapa y cocina hasta que se ablanden, aproximadamente 5 minutos. Agrega los tomates, el vino, el orégano, la albahaca y sal y pimienta negra al gusto y deja que hierva. Reduce el fuego a mínimo, agrega el tempeh reservado y cocina a fuego lento, sin tapar, hasta que las verduras estén tiernas y los sabores se combinen bien, aproximadamente 30 minutos. Sirve de inmediato.

61. Tempeh indonesio en salsa de coco

Rinde de 4 a 6 porciones

- 1 libra de tempeh, cortado en rodajas de $1/4$ de pulgada
- 2 cucharadas de aceite de canola o de semilla de uva
- 1 cebolla amarilla mediana, picada
- 3 dientes de ajo picados
- 1 pimiento rojo mediano, picado
- 1 pimiento verde mediano, picado
- 1 o 2 chiles serranos pequeños u otros chiles picantes frescos, sin semillas y picados
- 1 lata (14,5 onzas) de tomates cortados en cubitos, escurridos
- 1 lata (13,5 onzas) de leche de coco sin azúcar
- Sal y pimienta negra recién molida
- $1/2$ taza de maní tostado sin sal, molido o triturado, para decorar
- 2 cucharadas de cilantro fresco picado, para decorar

En una cacerola mediana con agua hirviendo, cocina el tempeh durante 30 minutos. Escúrrelo y sécalo.

En una sartén grande, calienta 1 cucharada de aceite a fuego medio. Agrega el tempeh y cocínalo hasta que se dore por ambos lados, aproximadamente 10 minutos. Retíralo de la sartén y reserva.

En la misma sartén, calienta la cucharada restante de aceite a fuego medio. Agrega la cebolla, el ajo, los pimientos morrones rojos y verdes y los chiles. Tapa y cocina hasta que se ablanden, aproximadamente 5 minutos. Agrega los tomates y la leche de coco. Reduce el fuego a bajo, agrega el tempeh reservado, sazona con sal y pimienta a gusto y cocina a fuego lento, sin tapar, hasta que la salsa se reduzca ligeramente, aproximadamente 30 minutos. Espolvorea con maní y cilantro y sirve de inmediato.

62. Tempeh con jengibre y maní

Rinde 4 porciones

- 1 libra de tempeh, cortado en dados de $1/2$ pulgada
- 2 cucharadas de aceite de canola o de semilla de uva
- Pimiento rojo mediano, cortado en dados de $1/2$ pulgada
- 3 dientes de ajo picados
- manojo pequeño de cebollas verdes, picadas
- 2 cucharadas de jengibre fresco rallado
- 2 cucharadas de salsa de soja
- 1 cucharada de azúcar
- $1/4$ cucharadita de pimiento rojo triturado
- 1 cucharada de maicena
- 1 taza de agua
- 1 taza de maní tostado sin sal triturado
- 2 cucharadas de cilantro fresco picado

En una cacerola mediana con agua hirviendo, cocina el tempeh durante 30 minutos. Escúrrelo y sécalo. En una sartén grande o wok, calienta el aceite a fuego medio. Agrega el tempeh y cocina hasta que esté ligeramente dorado, aproximadamente 8 minutos. Agrega el pimiento morrón y saltea hasta que se ablande, aproximadamente 5 minutos. Agrega el ajo, las cebollas verdes y el jengibre y saltea hasta que desprendan un aroma fragante, 1 minuto.

En un tazón pequeño, combine la salsa de soja, el azúcar, el pimiento rojo triturado, la maicena y el agua. Mezcle bien y luego vierta en la sartén. Cocine, revolviendo, durante 5 minutos, hasta que espese un poco. Agregue los cacahuetes y el cilantro. Sirva inmediatamente.

63. Tempeh con patatas y repollo

Rinde 4 porciones

- 1 libra de tempeh, cortado en dados de $1/2$ pulgada
- 2 cucharadas de aceite de canola o de semilla de uva
- 1 cebolla amarilla mediana, picada
- 1 zanahoria mediana, picada
- 1 $1/2$ cucharada de pimentón dulce húngaro
- 2 papas rojizas medianas, peladas y cortadas en cubos de $1/2$ pulgada
- 3 tazas de repollo rallado
- 1 lata (14,5 onzas) de tomates cortados en cubitos, escurridos
- $1/4$ taza de vino blanco $_{seco}$
- 1 taza de caldo de verduras, casero (ver Caldo de verduras ligero) o comprado en la tienda Sal y pimienta negra recién molida
- $1/2$ taza de crema agria vegana, casera (ver Crema agria de tofu) o comprada en la tienda (opcional)

En una cacerola mediana con agua hirviendo, cocina el tempeh durante 30 minutos. Escúrrelo y sécalo.

En una sartén grande, calienta 1 cucharada de aceite a fuego medio. Agrega el tempeh y cocínalo hasta que se dore por ambos lados, aproximadamente 10 minutos. Retira el tempeh y reserva.

En la misma sartén, calienta la cucharada de aceite restante a fuego medio. Agrega la cebolla y la zanahoria, tapa y cocina hasta que se ablanden, aproximadamente 10 minutos. Agrega el pimentón, las papas, el repollo, los tomates, el vino y el caldo y deja que hierva. Sazona con sal y pimienta a gusto.

Reduce el fuego a medio, agrega el tempeh y cocina a fuego lento, sin tapar, durante 30 minutos o hasta que las verduras estén tiernas y los sabores se hayan mezclado. Agrega la crema agria, si la usas, y sirve inmediatamente.

64. Estofado de succotash sureño

Rinde 4 porciones

- 10 onzas de tempeh
- 2 cucharadas de aceite de oliva
- 1 cebolla amarilla dulce grande, finamente picada
- 2 papas rojizas medianas, peladas y cortadas en cubos de $1/2$ pulgada
- 1 lata (14,5 onzas) de tomates cortados en cubitos, escurridos
- 1 paquete (16 onzas) de succotash congelado
- 2 tazas de caldo de verduras, casero (ver Caldo de verduras ligero) o comprado, o agua
- 2 cucharadas de salsa de soja
- 1 cucharadita de mostaza seca
- 1 cucharadita de azúcar
- $1/2$ cucharadita de tomillo seco
- $1/2$ cucharadita de pimienta de Jamaica molida
- $1/4$ cucharadita de pimienta cayena molida
- Sal y pimienta negra recién molida

En una cacerola mediana con agua hirviendo, cocina el tempeh durante 30 minutos. Escúrrelo, sécalo y córtalo en dados de 2,5 cm.

En una sartén grande, calienta 1 cucharada de aceite a fuego medio. Agrega el tempeh y cocina hasta que se dore por ambos lados, aproximadamente 10 minutos. Reserva.

En una cacerola grande, calienta la cucharada restante de aceite a fuego medio. Agrega la cebolla y cocina hasta que se ablande, 5 minutos. Agrega las papas, las zanahorias, los tomates, el succotash, el caldo, la salsa de soja, la mostaza, el azúcar, el tomillo, la pimienta de Jamaica y la pimienta de cayena. Sazona con sal y pimienta a gusto. Lleva a hervor, luego reduce el fuego a bajo y agrega el tempeh. Cocina a fuego lento, tapado, hasta que las verduras estén tiernas, revolviendo de vez en cuando, aproximadamente 45 minutos.

Unos 10 minutos antes de que el guiso termine de cocinarse, agregue el humo líquido. Pruebe y ajuste los condimentos si es necesario.

Servir inmediatamente.

65. Cazuela de jambalaya al horno

Rinde 4 porciones

- 10 onzas de tempeh
- 2 cucharadas de aceite de oliva
- 1 cebolla amarilla mediana, picada
- 1 pimiento verde mediano, picado
- 2 dientes de ajo picados
- 1 lata (28 onzas) de tomates cortados en cubitos, sin escurrir

- $^1/_2$ taza de arroz blanco
- 1 $^1/_2$ tazas de caldo de verduras, casero (ver Caldo de verduras ligero) o comprado, o agua
- 1 $^1/_2$ tazas de frijoles rojos oscuros cocidos o 1 lata (15,5 onzas), escurridos y enjuagados
- 1 cucharada de perejil fresco picado
- 1 $^1/_2$ cucharadita de condimento cajún
- 1 cucharadita de tomillo seco
- $^1/_2$ cucharadita de sal
- $^1/_4$ cucharadita de pimienta negra recién molida

En una cacerola mediana con agua hirviendo, cocina el tempeh durante 30 minutos. Escúrrelo y sécalo. Córtalo en dados de $^1/_2$ pulgada. Precalienta el horno a 350 °F.

En una sartén grande, calienta 1 cucharada de aceite a fuego medio. Agrega el tempeh y cocínalo hasta que se dore por ambos lados, aproximadamente 8 minutos. Transfiere el tempeh a una fuente para horno de 23 x 33 cm y reserva.

En la misma sartén, calienta la cucharada de aceite restante a fuego medio. Agrega la cebolla, el pimiento morrón y el ajo. Tapa y cocina hasta que las verduras se ablanden, aproximadamente 7 minutos.

Añade la mezcla de verduras a la fuente para horno con el tempeh. Incorpora los tomates con su líquido, el arroz, el caldo, los frijoles rojos, el perejil, el condimento cajún, el tomillo, la sal y la pimienta negra. Mezcla bien, luego tapa bien y hornea hasta que el arroz esté tierno, aproximadamente 1 hora. Sirve de inmediato.

66. Pastel de tempeh y batata

Rinde 4 porciones

- 8 onzas de tempeh
- 3 batatas medianas, peladas y cortadas en dados de $1/2$ pulgada
- 2 cucharadas de margarina vegana
- $1/4$ taza de leche de soja natural sin azúcar
- Sal y pimienta negra recién molida
- 2 cucharadas de aceite de oliva
- 1 cebolla amarilla mediana, finamente picada
- 2 zanahorias medianas, picadas
- 1 taza de guisantes congelados, descongelados
- 1 taza de granos de maíz congelados, descongelados
- $1 1/2$ tazas de salsa de champiñones
- $1/2$ cucharadita de tomillo seco

En una cacerola mediana con agua hirviendo, cocina el tempeh durante 30 minutos. Escúrrelo y sécalo. Pica el tempeh en trozos pequeños y resérvalo.

Cocine al vapor las batatas hasta que estén tiernas, durante unos 20 minutos. Precaliente el horno a 350 °F. Triture las batatas con la margarina, la leche de soja y la sal y la pimienta a gusto. Reserve.

En una sartén grande, calienta 1 cucharada de aceite a fuego medio. Agrega la cebolla y las zanahorias, tapa y cocina hasta que estén tiernas, aproximadamente 10 minutos. Transfiere a una fuente para horno de 10 pulgadas.

En la misma sartén, calienta la cucharada de aceite restante a fuego medio. Agrega el tempeh y cocina hasta que se dore por ambos lados, de 8 a 10 minutos. Agrega el tempeh a la fuente para hornear con la cebolla y las zanahorias. Agrega los guisantes, el maíz y la salsa de hongos. Agrega el tomillo y sal y pimienta al gusto. Revuelve para combinar.

Distribuye el puré de batatas por encima, utilizando una espátula para distribuirlo uniformemente hasta los bordes de la sartén. Hornea hasta que las papas estén ligeramente doradas y el relleno esté caliente, aproximadamente 40 minutos. Sirve de inmediato.

67. Pasta rellena de berenjenas y tempeh

Rinde 4 porciones

- 8 onzas de tempeh
- 1 berenjena mediana
- 12 conchas de pasta grandes
- 1 diente de ajo machacado
- $1/4$ cucharadita de pimienta cayena molida
- Sal y pimienta negra recién molida
- Migas de pan secas sin condimentar

- 3 tazas de salsa marinara, casera (ver Salsa Marinara) o comprada en la tienda

En una cacerola mediana con agua hirviendo, cocine el tempeh durante 30 minutos. Escúrralo y déjelo enfriar.

Precaliente el horno a 450°F. Perfore la berenjena con un tenedor y hornéela en una bandeja para hornear ligeramente engrasada hasta que esté tierna, aproximadamente 45 minutos.

Mientras se hornea la berenjena, cocine las conchas de pasta en una olla con agua hirviendo con sal, revolviendo de vez en cuando, hasta que estén al dente, aproximadamente 7 minutos. Escúrralas y póngalas bajo el chorro de agua fría. Reserve.

Saca la berenjena del horno, córtala a lo largo por la mitad y escurre el líquido. Reduce la temperatura del horno a 350 °F. Engrasa ligeramente un molde para hornear de 9 x 13 pulgadas. En un procesador de alimentos, procesa el ajo hasta que esté finamente molido. Agrega el tempeh y pulsa hasta que quede molido grueso. Raspa la pulpa de la berenjena de su cáscara y agrégala al procesador de alimentos con el tempeh y el ajo. Agrega la pimienta de cayena, sazona con sal y pimienta a gusto y pulsa para combinar. Si el relleno está suelto, agrega un poco de pan rallado.

Extiende una capa de salsa de tomate en el fondo de la fuente para horno preparada. Rellena las conchas hasta que queden bien compactas.

Coloca las conchas sobre la salsa y vierte el resto de la salsa sobre ellas y alrededor de ellas. Cubre con papel aluminio y hornea hasta que esté caliente, aproximadamente 30 minutos. Destapa, espolvorea con el parmesano y hornea durante 10 minutos más. Sirve de inmediato.

68. Fideos de Singapur con tempeh

Rinde 4 porciones

- 8 onzas de tempeh, cortado en dados de $^1/_2$ pulgada
- 8 onzas de fideos de arroz
- 1 cucharada de aceite de sésamo tostado
- 2 cucharadas de aceite de canola o de semilla de uva
- 4 cucharadas de salsa de soja
- $^1/_3$ taza de mantequilla de maní cremosa
- $^1/_2$ taza de leche de coco sin azúcar
- $^1/_2$ taza de agua
- 1 cucharada de jugo de limón fresco
- 1 cucharadita de azúcar moreno claro
- $^1/_2$ cucharadita de pimienta cayena molida
- 1 pimiento rojo mediano, picado

- 3 tazas de repollo rallado
- 3 dientes de ajo
- 1 taza de cebollas verdes picadas
- 2 cucharaditas de jengibre fresco rallado
- 1 taza de guisantes congelados, descongelados
- Sal
- $1/4$ taza de maní tostado sin sal picado, para decorar
- 2 cucharadas de cilantro fresco picado, para decorar

En una cacerola mediana con agua hirviendo, cocina el tempeh durante 30 minutos. Escúrrelo y sécalo. Remoja los fideos de arroz en un recipiente grande con agua caliente hasta que se ablanden, aproximadamente 5 minutos. Escúrrelos bien, enjuágalos y transfiérelos a un recipiente grande. Mézclalos con el aceite de sésamo y reserva.

En una sartén grande, calienta 1 cucharada de aceite de canola a fuego medio-alto. Agrega el tempeh cocido y cocínalo hasta que se dore por todos lados. Agrega 1 cucharada de salsa de soja para darle color y sabor. Retira el tempeh de la sartén y reserva.

En una licuadora o procesador de alimentos, combine la mantequilla de maní, la leche de coco, el agua, el jugo de limón, el azúcar, la pimienta de cayena y las 3 cucharadas restantes de salsa de soja. Procese hasta que quede una mezcla homogénea y reserve.

En una sartén grande, calienta la cucharada restante de aceite de canola a fuego medio-alto. Agrega el pimiento morrón, el repollo, el ajo, las cebollas verdes y el jengibre y cocina, revolviendo ocasionalmente hasta que se ablanden, aproximadamente 10 minutos. Reduce el fuego a mínimo; agrega los guisantes, el tempeh dorado y los fideos ablandados. Agrega la salsa, agrega sal a gusto y cocina a fuego lento hasta que esté caliente.

Transfiera a un tazón grande para servir, adorne con maní picado y cilantro y sirva.

69. Tocino de tempeh

Rinde 4 porciones

6 onzas de tempeh
2 cucharadas de aceite de canola o de semilla de uva
2 cucharadas de salsa de soja
$1/2$ cucharadita de humo líquido

En una cacerola mediana con agua hirviendo, cocina el tempeh durante 30 minutos. Déjalo enfriar, luego sécalo y córtalo en tiras de $1/8$ pulgadas.

En una sartén grande, calienta el aceite a fuego medio. Añade las rodajas de tempeh y fríelas por ambos lados hasta que se doren, unos 3 minutos por cada lado. Rocía con la salsa de soja y el humo líquido, teniendo cuidado de no salpicar. Da vuelta el tempeh para cubrirlo. Sirve caliente.

70. Espaguetis y T-Balls

Rinde 4 porciones

- 1 libra de tempeh
- 2 o 3 dientes de ajo finamente picados
- 3 cucharadas de perejil fresco finamente picado
- 3 cucharadas de salsa de soja
- 1 cucharada de aceite de oliva, y un poco más para cocinar
- ¾ taza de pan rallado fresco
- $1/3$ taza de harina de gluten de trigo (gluten de trigo vital)
- 3 cucharadas de levadura nutricional
- $1/2$ cucharadita de orégano seco
- $1/2$ cucharadita de sal

- $1/4$ cucharadita de pimienta negra recién molida
- 1 libra de espaguetis
- 3 tazas de salsa marinara, casera (ver a la izquierda) o comprada en la tienda

En una cacerola mediana con agua hirviendo, cocina el tempeh durante 30 minutos. Escúrrelo bien y córtalo en trozos.

Coloca el tempeh cocido en un procesador de alimentos, agrega el ajo y el perejil y tritura hasta que quede molido grueso. Agrega la salsa de soja, el aceite de oliva, el pan rallado, la harina de gluten, la levadura, el orégano, la sal y la pimienta negra y tritura hasta combinar, dejando algo de textura. Vierte la mezcla de tempeh en un bol y usa las manos para amasar hasta que esté bien mezclada, de 1 a 2 minutos. Usa las manos para formar bolitas con la mezcla, de no más de $1\ 1/2$ pulgadas de diámetro. Repite con el resto de la mezcla de tempeh.

En una sartén grande ligeramente engrasada, calienta una fina capa de aceite a fuego medio. Agrega las bolitas de masa, en tandas si es necesario, y cocina hasta que se doren, moviéndolas en la sartén según sea necesario para que se doren de manera uniforme, durante 15 a 20 minutos. Alternativamente, puedes colocar las bolitas de masa en una bandeja para hornear engrasada y hornear a 350 °F durante 25 a 30 minutos, dándoles vuelta una vez aproximadamente a la mitad del tiempo de cocción.

En una olla grande con agua hirviendo con sal, cocine los espaguetis a fuego medio-alto, revolviendo ocasionalmente, hasta que estén al dente, aproximadamente 10 minutos.

Mientras se cocinan los espaguetis, caliente la salsa marinara en una cacerola mediana a fuego medio hasta que esté caliente.

Cuando la pasta esté cocida, escúrrela bien y divídela en 4 platos o cuencos poco profundos. Cubre cada porción con algunas de las T-balls. Vierte la salsa sobre las T-balls y los espaguetis y sirve caliente. Combina las T-balls restantes y la salsa en un cuenco y sirve.

71. Paglia E Fieno con guisantes

Rinde 4 porciones

- $1/3$ taza más 1 cucharada de aceite de oliva
- 2 chalotes medianos, finamente picados
- $1/4$ taza de tocino de tempeh picado, casero (ver Tocino de tempeh) o comprado en la tienda (opcional)
- Sal y pimienta negra recién molida
- 8 onzas de linguini regular o integral
- 8 onzas de linguini con espinacas
- Parmesano vegano o Parmasio

En una sartén grande, calienta 1 cucharada de aceite a fuego medio. Agrega las chalotas y cocínalas hasta que estén tiernas, aproximadamente 5 minutos. Agrega el tocino de tempeh, si lo usas, y cocínalo hasta que esté bien dorado. Agrega los hongos y cocínalos hasta que se ablanden, aproximadamente 5 minutos. Sazona con sal y pimienta a gusto. Agrega los guisantes y el $1/3$ de taza de aceite restante. Tapa y mantén caliente a fuego muy lento.

En una olla grande con agua hirviendo con sal, cocina los lingüines a fuego medio-alto, revolviendo de vez en cuando, hasta que estén al dente, unos 10 minutos. Escúrrelos bien y transfiérelos a un recipiente grande para servir.

Añade la salsa, sazona con sal y pimienta a gusto y espolvorea con parmesano. Mezcla suavemente y sirve de inmediato.

SEITA N

72. Seitán básico cocido a fuego lento

Rinde aproximadamente 2 libras

Seitán

- 1¾ tazas de harina de gluten de trigo (gluten de trigo vital)
- ½ cucharadita de sal
- ½ cucharadita de cebolla en polvo
- ¼ cucharadita de pimentón dulce
- 1 cucharada de aceite de oliva
- 2 cucharadas de salsa de soja
- 1 ²/₃ tazas de agua fría

Líquido hirviendo a fuego lento:
- 2 cuartos de agua
- $1/2$ taza de salsa de soja
- 2 dientes de ajo machacados

Prepara el seitán: en un procesador de alimentos, combina la harina de gluten de trigo, la levadura nutricional, la sal, la cebolla en polvo y el pimentón. Pulsa para mezclar. Añade el aceite, la salsa de soja y el agua y procesa durante un minuto para formar una masa. Coloca la mezcla sobre una superficie de trabajo ligeramente enharinada y amasa hasta que quede suave y elástica, aproximadamente 2 minutos.

Prepare el líquido para hervir a fuego lento: en una cacerola grande, combine el agua, la salsa de soja y el ajo.

Divida la masa de seitán en 4 partes iguales y colóquelas en el líquido que está hirviendo. Llévela a ebullición a fuego medio-alto, luego reduzca el fuego a medio-bajo, cubra y cocine a fuego lento, dándole vuelta de vez en cuando, durante 1 hora. Apague el fuego y deje que el seitán se enfríe en el líquido. Una vez que se enfríe, el seitán se puede usar en recetas o refrigerarlo en el líquido en un recipiente hermético hasta por una semana o congelarlo hasta por 3 meses.

73. Seitán asado al horno relleno

Rinde 6 porciones

- 1 receta básica de seitán cocido a fuego lento, sin cocinar
- 1 cucharada de aceite de oliva
- 1 cebolla amarilla pequeña, picada
- 1 costilla de apio picada
- $1/2$ cucharadita de tomillo seco
- $1/2$ cucharadita de salvia seca
- $1/2$ taza de agua, o más si es necesario
- Sal y pimienta negra recién molida
- 2 tazas de cubitos de pan fresco
- $1/4$ taza de perejil fresco picado

Coloque el seitán crudo sobre una superficie de trabajo ligeramente enharinada y estírelo con las manos ligeramente enharinadas hasta que quede plano y tenga aproximadamente $1/2$ pulgada de grosor. Coloque el seitán aplanado entre dos hojas de film transparente. o papel de pergamino. Usa un rodillo para aplanarla lo más que puedas (quedará elástica y resistente). Cubre con una placa para horno con un galón de agua o alimentos enlatados y déjala reposar mientras preparas el relleno.

En una sartén grande, calienta el aceite a fuego medio. Agrega la cebolla y el apio. Tapa y cocina hasta que estén tiernos, 10 minutos. Agrega el tomillo, la salvia, el agua y sal y pimienta al gusto. Retira del fuego y reserva. Coloca el pan y el perejil en un tazón grande. Agrega la mezcla de cebolla y mezcla bien, agregando un poco más de agua si el relleno está demasiado seco. Prueba y ajusta los condimentos si es necesario. Reserva.

Precaliente el horno a 350 °F. Engrase ligeramente un molde para hornear de 9 x 13 pulgadas y reserve. Estire el seitán aplanado con un rodillo hasta que tenga aproximadamente $1/4$ de pulgada de espesor. Extienda el relleno sobre la superficie del molde. Seitán y enrolle con cuidado y de manera uniforme. Coloque el asado con la costura hacia abajo en la bandeja para hornear preparada. Unte con un poco de aceite la parte superior y los lados del asado y hornee, tapado, durante 45 minutos; luego destape y hornee hasta que esté firme y de color marrón brillante, aproximadamente 15 minutos más.

Retirar del horno y dejar reposar durante 10 minutos antes de cortar. Utilizar un cuchillo de sierra para cortarlo en rodajas de $1/2$ pulgada. Nota: Para cortarlo más fácilmente, preparar el asado con antelación y dejar que se enfríe por completo antes de cortarlo. Cortar todo o parte del asado en rodajas y luego volver a calentarlo en el horno, bien tapado, durante 15 a 20 minutos, antes de servir.

74. Seitán estofado

Rinde 4 porciones

- 1 receta básica de seitán cocido a fuego lento
- 2 cucharadas de aceite de oliva
- 3 a 4 chalotes medianos, cortados a lo largo por la mitad
- 1 libra de papas Yukon Gold, peladas y cortadas en trozos de 2 pulgadas
- $1/2$ cucharadita de ajedrea seca
- $1/4$ cucharadita de salvia molida
- Sal y pimienta negra recién molida
- Rábano picante, para servir

Sigue las instrucciones para preparar el seitán a fuego lento básico, pero divide la masa de seitán en 2 partes en lugar de 4 antes de cocinarla a fuego lento. Una vez que el seitán se haya enfriado en su caldo durante 30 minutos, retíralo de la cacerola y déjalo a un lado. Reserva el líquido de cocción y desecha los sólidos. Reserva 1 pieza de seitán (aproximadamente 1 libra) para usarla en el futuro colocándola en un recipiente y cubriéndola con un poco del líquido de cocción reservado. Cubre y refrigera hasta que la necesites. Si no la vas a usar en 3 días, enfríala por completo, envuélvela bien y congélala.

En una cacerola grande, calienta 1 cucharada de aceite a fuego medio. Agrega las chalotas y las zanahorias. Tapa y cocina durante 5 minutos. Agrega las papas, el tomillo, la ajedrea, la salvia y sal y pimienta al gusto. Agrega 1 $1/2$ tazas del líquido de cocción reservado y deja que hierva. Reduce el fuego a bajo y cocina, tapado, durante 20 minutos.

Frote el seitán reservado con la cucharada de aceite restante y el pimentón. Coloque el seitán sobre las verduras que están hirviendo a fuego lento. Cubra y continúe cocinando hasta que las verduras estén tiernas, unos 20 minutos más. Corte el seitán en rodajas finas y colóquelo en una fuente grande para servir rodeado de las verduras cocidas. Sirva inmediatamente, con rábano picante a un lado.

75. Cena de Acción de Gracias casi de un solo plato

Rinde 6 porciones

- 2 cucharadas de aceite de oliva
- 1 taza de cebolla finamente picada
- 2 costillas de apio, finamente picadas
- 2 tazas de champiñones blancos en rodajas
- $1/2$ cucharadita de tomillo seco
- $1/2$ cucharadita de ajedrea seca
- $1/2$ cucharadita de salvia molida
- Pizca de nuez moscada molida
- Sal y pimienta negra recién molida

- 2 tazas de cubitos de pan fresco
- 2 $1/2$ tazas de caldo de verduras, casero (ver Caldo de verduras ligero) o comprado en la tienda
- $1/3$ taza de arándanos secos endulzados
- 8 onzas de tofu extra firme, escurrido y cortado en rodajas de $1/4$ de pulgada
- 8 onzas de seitán, casero o comprado, cortado en rodajas muy finas
- 2 $1/2$ tazas de puré de papas básico
- 1 hoja de hojaldre congelado, descongelado

Precaliente el horno a 400 °F. Engrase ligeramente una fuente para horno cuadrada de 10 pulgadas. En una sartén grande, caliente el aceite a fuego medio. Agregue la cebolla y el apio. Cubra y cocine hasta que se ablanden, aproximadamente 5 minutos. Agregue los hongos, el tomillo, la ajedrea, la salvia, la nuez moscada y la sal y la pimienta al gusto. Cocine, sin tapar, hasta que los hongos estén tiernos, aproximadamente 3 minutos más. Deje de lado.
En un tazón grande, combine los cubos de pan con la cantidad de caldo necesaria para humedecerlos (aproximadamente
1 ^{taza} y $_{media}$). Agregue la mezcla de vegetales cocidos, las nueces y los arándanos. Revuelva para mezclar bien y reserve.

En la misma sartén, hierva la taza restante de caldo, reduzca el fuego a medio, agregue el tofu y cocine a fuego lento, sin tapar, hasta que el caldo se absorba, aproximadamente 10 minutos. Deje de lado.

Colocar la mitad del relleno preparado en el fondo de la fuente para horno preparada, luego la mitad del seitán, la mitad del tofu y la mitad de la salsa marrón. Repetir la operación con el resto del relleno. seitán, tofu y salsa.

76. Milanesa de seitán con panko y limón

Rinde 4 porciones

- 2 tazas de panko
- $1/4$ taza de perejil fresco picado
- $1/2$ cucharadita de sal
- $1/4$ cucharadita de pimienta negra recién molida
- 1 libra de seitán, casero o comprado, cortado en rodajas de $1/4$ de pulgada
- 2 cucharadas de aceite de oliva
- 1 limón cortado en gajos

Precaliente el horno a 250°F. En un tazón grande, combine el panko, el perejil, la sal y la pimienta. Humedezca el seitán con un poco de agua y páselo por la mezcla de panko.

En una sartén grande, calienta el aceite a fuego medio-alto. Agrega el seitán y cocina, dándole vuelta una vez, hasta que se dore, trabajando en tandas, si es necesario. Pasa el seitán cocido a una bandeja para hornear y mantenlo caliente en el horno mientras cocinas el resto. Sirve inmediatamente, con rodajas de limón.

77. Seitán con costra de sésamo

Rinde 4 porciones

- $1/3$ taza de semillas de sésamo
- $1/3$ taza de harina para todo uso
- $1/2$ cucharadita de sal
- $1/4$ cucharadita de pimienta negra recién molida
- $1/2$ taza de leche de soja natural sin azúcar
- 1 libra de seitán, casero o comprado, cortado en rodajas de $1/4$ de pulgada
- 2 cucharadas de aceite de oliva

Coloque las semillas de sésamo en una sartén seca a fuego medio y tuéstelas hasta que adquieran un color dorado claro, revolviendo constantemente, durante 3 a 4 minutos. Déjelas enfriar y luego muélelas en un procesador de alimentos o en un molinillo de especias.

Coloca las semillas de sésamo molidas en un recipiente poco profundo y agrega la harina, la sal y la pimienta, y mezcla bien. Coloca la leche de soja en un recipiente poco profundo. Sumerge el seitán en la leche de soja y luego pásalo por la mezcla de sésamo.

En una sartén grande, calienta el aceite a fuego medio. Añade el seitán, en tandas si es necesario, y cocina hasta que esté crocante y dorado por ambos lados, unos 10 minutos. Sirve inmediatamente.

78. Seitán con alcachofas y aceitunas

Rinde 4 porciones

- 2 cucharadas de aceite de oliva
- 1 libra de seitán, casero o comprado, cortado en rodajas de $1/4$ de pulgada
- 2 dientes de ajo picados
- 1 lata (14,5 onzas) de tomates cortados en cubitos, escurridos
- 1 $1/2$ tazas de corazones de alcachofa enlatados o congelados (cocidos), cortados en rodajas de $1/4$ de pulgada
- 1 cucharada de alcaparras
- 2 cucharadas de perejil fresco picado
- Sal y pimienta negra recién molida
- 1 taza de tofu feta (opcional)

Precaliente el horno a 250 °F. En una sartén grande, caliente 1 cucharada de aceite a fuego medio-alto. Agregue el seitán y dore por ambos lados, aproximadamente 5 minutos. Transfiera el seitán a una fuente resistente al calor y manténgalo caliente en el horno.

En la misma sartén, calienta la cucharada de aceite restante a fuego medio. Agrega el ajo y cocina hasta que desprenda un aroma fragante, unos 30 segundos. Agrega los tomates, los corazones de alcachofa, las aceitunas, las alcaparras y el perejil. Sazona con sal y pimienta a gusto y cocina hasta que esté caliente, unos 5 minutos. Reserva.

Colocar el seitán en una fuente para servir, cubrir con la mezcla de verduras y espolvorear con queso feta de tofu, si se utiliza. Servir inmediatamente.

79. Seitán con salsa de ancho y chipotle

Rinde 4 porciones

- 2 cucharadas de aceite de oliva
- 1 cebolla mediana, picada
- 2 zanahorias medianas, picadas
- 2 dientes de ajo picados
- 1 lata (28 onzas) de tomates triturados asados al fuego
- $1/2$ taza de caldo de verduras, casero (ver Caldo de verduras ligero) o comprado en la tienda
- 2 chiles anchos secos
- 1 chile chipotle seco
- $1/2$ taza de harina de maíz amarilla

- $1/2$ cucharadita de sal
- $1/4$ cucharadita de pimienta negra recién molida
- 1 libra de seitán, casero o comprado, cortado en rodajas de $1/4$ de pulgada

En una cacerola grande, calienta 1 cucharada de aceite a fuego medio. Agrega la cebolla y las zanahorias, tapa y cocina durante 7 minutos. Agrega el ajo y cocina 1 minuto. Incorpora los tomates, el caldo y los chiles ancho y chipotle. Cocina a fuego lento, sin tapar, durante 45 minutos, luego vierte la salsa en una licuadora y licúa hasta que quede suave. Regresa a la cacerola y mantén caliente a fuego muy lento.

En un recipiente poco profundo, combine la harina de maíz con la sal y la pimienta. Pase el seitán por la mezcla de harina de maíz, cubriéndolo uniformemente.

En una sartén grande, calienta las 2 cucharadas restantes de aceite a fuego medio. Agrega el seitán y cocina hasta que se dore por ambos lados, aproximadamente 8 minutos en total. Sirve inmediatamente con la salsa de chile.

80. Seitán Piccata

Rinde 4 porciones

- 1 libra de seitán, casero o comprado, cortado en rodajas de $1/4$ de pulgada Sal y pimienta negra recién molida
- $1/2$ taza de harina para todo uso
- 2 cucharadas de aceite de oliva
- 1 chalota mediana, picada
- 2 dientes de ajo picados
- 2 cucharadas de alcaparras
- $1/3$ taza de vino blanco
- $1/3$ taza de caldo de verduras, casero (ver Caldo de verduras ligero) o comprado en la tienda
- 2 cucharadas de jugo de limón fresco
- 2 cucharadas de margarina vegana
- 2 cucharadas de perejil fresco picado

Precalentar el horno a 275°F. Sazonar el seitán con sal y pimienta a gusto y rebozarlo en harina.

En una sartén grande, calienta 2 cucharadas de aceite a fuego medio. Agrega el seitán enharinado y cocina hasta que esté ligeramente dorado por ambos lados, aproximadamente 10 minutos. Pasa el seitán a una fuente resistente al calor y mantenlo caliente en el horno.

En la misma sartén, calienta la cucharada restante de aceite a fuego medio. Agrega la chalota y el ajo, cocina durante 2 minutos y luego agrega las alcaparras, el vino y el caldo. Cocina a fuego lento durante un minuto o dos para reducir un poco, luego agrega el jugo de limón, la margarina y el perejil, revolviendo hasta que la margarina se mezcle con la salsa. Vierte la salsa sobre el seitán dorado y sirve inmediatamente.

81. Seitán de tres semillas

Rinde 4 porciones

- $1/4$ taza de semillas de girasol sin cáscara y sin sal
- $1/4$ taza de semillas de calabaza sin cáscara y sin sal (pepitas)
- $1/4$ taza de semillas de sésamo
- ¾ taza de harina para todo uso
- 1 cucharadita de cilantro molido
- 1 cucharadita de pimentón ahumado
- $1/2$ cucharadita de sal
- $1/4$ cucharadita de pimienta negra recién molida
- 1 libra de seitán, casero o comprado, cortado en trozos del tamaño de un bocado
- 2 cucharadas de aceite de oliva

En un procesador de alimentos, combine las semillas de girasol, las semillas de calabaza y las semillas de sésamo y muela hasta obtener un polvo. Transfiera a un recipiente poco profundo, agregue la harina, el cilantro, el pimentón, la sal y la pimienta, y revuelva para mezclar.

Humedezca los trozos de seitán con agua y luego páselos por la mezcla de semillas para cubrirlos completamente.

En una sartén grande, calienta el aceite a fuego medio. Añade el seitán y cocina hasta que esté ligeramente dorado y crujiente por ambos lados. Sirve inmediatamente.

82. Fajitas sin fronteras

Rinde 4 porciones

- 1 cucharada de aceite de oliva
- 1 cebolla roja pequeña, picada
- 10 onzas de seitán, casero o comprado, cortado en tiras de $1/2$ pulgada
- $1/4$ taza de chiles verdes picados, picantes o suaves, enlatados
- Sal y pimienta negra recién molida
- Tortillas de harina suaves de 10 pulgadas
- 2 tazas de salsa de tomate casera (ver Salsa de tomate fresco) o comprada en la tienda

En una sartén grande, calienta el aceite a fuego medio. Agrega la cebolla, tapa y cocina hasta que se ablande, aproximadamente 7 minutos. Agrega el seitán y cocina, sin tapar, durante 5 minutos.

Agregue las batatas, los chiles, el orégano y la sal y la pimienta a gusto, revolviendo para mezclar bien. Continúe cocinando hasta que la mezcla esté caliente y los sabores se combinen bien, revolviendo ocasionalmente, aproximadamente 7 minutos.

Calienta las tortillas en una sartén seca. Coloca cada tortilla en un recipiente poco profundo. Vierte la mezcla de seitán y batata en las tortillas, luego cubre cada una con aproximadamente $1/3$ taza de la salsa. Espolvorea cada una tazón con 1 cucharada de aceitunas, si las usa. Sirva inmediatamente, con la salsa restante servida a un lado.

83. Seitán con salsa de manzana verde

Rinde 4 porciones

- 2 manzanas Granny Smith, picadas en trozos grandes
- $1/2$ taza de cebolla roja finamente picada
- $1/2$ chile jalapeño, sin semillas y picado
- 1 $1/2$ cucharadita de jengibre fresco rallado
- 2 cucharadas de jugo de limón fresco
- 2 cucharaditas de néctar de agave
- Sal y pimienta negra recién molida
- 2 cucharadas de aceite de oliva
- 1 libra de seitán, casero o comprado, cortado en rodajas de $1/2$ pulgada

En un recipiente mediano, combine las manzanas, la cebolla, el chile, el jengibre, el jugo de lima, el néctar de agave y la sal y la pimienta al gusto. Deje de lado.

Calienta el aceite en una sartén a fuego medio. Agrega el seitán y cocina hasta que se dore por ambos lados, volteándolo una vez, unos 4 minutos por cada lado. Sazona con sal y pimienta a gusto. Agrega el jugo de manzana y cocina por un minuto hasta que se reduzca. Sirve inmediatamente con la salsa de manzana.

84. Salteado de seitán, brócoli y shiitake

Rinde 4 porciones

- 2 cucharadas de aceite de canola o de semilla de uva
- 10 onzas de seitán, casero o comprado, cortado en rodajas de $1/4$ de pulgada
- 3 dientes de ajo picados
- 2 cucharaditas de jengibre fresco rallado
- cebollas verdes picadas
- 1 manojo mediano de brócoli, cortado en floretes de 1 pulgada
- 3 cucharadas de salsa de soja
- 2 cucharadas de jerez seco
- 1 cucharadita de aceite de sésamo tostado
- 1 cucharada de semillas de sésamo tostadas

En una sartén grande, calienta 1 cucharada de aceite a fuego medio-alto. Agrega el seitán y cocina, revolviendo de vez en cuando, hasta que se dore ligeramente, aproximadamente 3 minutos. Pasa el seitán a un bol y reserva.

En la misma sartén, calienta la cucharada de aceite restante a fuego medio-alto. Agrega los hongos y cocina, revolviendo con frecuencia, hasta que se doren, aproximadamente 3 minutos. Agrega el ajo, el jengibre y las cebollas verdes y cocina 30 segundos más. Agrega la mezcla de hongos al seitán cocido y reserva.

Añade el brócoli y el agua a la misma sartén. Tapa y cocina hasta que el brócoli comience a adquirir un color verde brillante, unos 3 minutos. Destapa y cocina, revolviendo con frecuencia, hasta que el líquido se evapore y el brócoli esté tierno y crujiente, unos 3 minutos más.

Devuelva la mezcla de seitán y hongos a la sartén. Agregue la salsa de soja y el jerez y saltee hasta que el seitán y las verduras estén calientes, aproximadamente 3 minutos. Espolvoree con el aceite de sésamo y las semillas de sésamo y sirva inmediatamente.

85. Brochetas de seitán con melocotones

Rinde 4 porciones

- $1/3$ taza de vinagre balsámico
- 2 cucharadas de vino tinto seco
- 2 cucharadas de azúcar moreno claro
- $1/4$ taza de albahaca fresca picada
- $1/4$ taza de mejorana fresca picada
- 2 cucharadas de ajo picado
- 2 cucharadas de aceite de oliva
- 1 libra de seitán, casero o comprado, cortado en trozos de 1 pulgada
- chalotes, cortados a lo largo por la mitad y blanqueados
- Sal y pimienta negra recién molida
- 2 duraznos maduros, sin hueso y cortados en trozos de 1 pulgada

Combine el vinagre, el vino y el azúcar en una cacerola pequeña y llévelo a ebullición. Reduzca el fuego a medio y cocine a fuego lento, revolviendo, hasta que se reduzca a la mitad, aproximadamente 15 minutos. Retire del fuego.

En un bol grande, combine la albahaca, la mejorana, el ajo y el aceite de oliva. Agregue el seitán, las chalotas y los duraznos y revuelva para cubrir. Sazone con sal y pimienta a gusto.

Precalentar la parrilla. *Ensarte el seitán, las chalotas y los duraznos en las brochetas y pincele con la mezcla balsámica.

Colocar las brochetas en la parrilla y cocinar hasta que el seitán y los duraznos estén asados, aproximadamente 3 minutos por cada lado. Pincelar con la mezcla balsámica restante y servir inmediatamente.

*En lugar de asarlas a la parrilla, puedes colocarlas debajo del asador. Ásalas a una distancia de 10 a 13 cm del fuego hasta que estén calientes y ligeramente doradas por los bordes, aproximadamente 10 minutos, dándoles vuelta una vez a la mitad del tiempo de cocción.

86. Brochetas de seitán y verduras a la parrilla

Rinde 4 porciones

- $1/3$ taza de vinagre balsámico
- 2 cucharadas de aceite de oliva
- 1 cucharada de orégano fresco picado o 1 cucharadita de orégano seco
- 2 dientes de ajo picados
- $1/2$ cucharadita de sal
- $1/4$ cucharadita de pimienta negra recién molida
- 1 libra de seitán, casero o comprado, cortado en cubos de 1 pulgada
- 7 onzas de hongos blancos pequeños, ligeramente enjuagados y secados
- 2 calabacines pequeños, cortados en trozos de 1 pulgada
- 1 pimiento amarillo mediano, cortado en cuadritos de 1 pulgada
- tomates cherry maduros

En un bol mediano, combine el vinagre, el aceite, el orégano, el tomillo, el ajo, la sal y la pimienta negra. Agregue el seitán, los hongos, el calabacín, el pimiento morrón y los tomates, dándoles vuelta para cubrirlos. Deje marinar a temperatura ambiente durante 30 minutos, dándoles vuelta de vez en cuando. Escurra el seitán y las verduras, reservando la marinada.

Precalentar la parrilla. *Ensarte el seitán, los champiñones y los tomates en brochetas.

Coloque las brochetas en la parrilla caliente y cocínelas, dándoles la vuelta una vez a mitad de la cocción, durante unos 10 minutos en total. Rocíe con una pequeña cantidad de la marinada reservada y sirva inmediatamente.

*En lugar de asarlas a la parrilla, puedes colocarlas debajo del asador. Asa a una distancia de 4 a 5 pulgadas del fuego hasta que estén calientes y ligeramente doradas por los bordes, aproximadamente 10 minutos, dándoles vuelta una vez a la mitad del tiempo de cocción.

87. Seitán en costra

Rinde 4 porciones

- 1 cucharada de aceite de oliva
- 2 chalotes medianos, picados
- onzas de champiñones blancos picados
- $1/4$ taza de Madeira
- 1 cucharada de perejil fresco picado
- $1/2$ cucharadita de tomillo seco
- $1/2$ cucharadita de ajedrea seca
- 2 tazas de cubos de pan seco finamente picados
- Sal y pimienta negra recién molida
- 1 hoja de hojaldre congelada, descongelada
- ($1/4$ pulgada de grosor) en óvalos o rectángulos de aproximadamente 3 X 4 pulgadas, secadas con palmaditas.

En una sartén grande, calienta el aceite a fuego medio. Agrega las chalotas y cocina hasta que se ablanden, aproximadamente 3 minutos. Agrega los hongos y cocina, revolviendo ocasionalmente, hasta que los hongos se ablanden, aproximadamente 5 minutos. Agrega la Madeira, el perejil, el tomillo y la ajedrea y cocina hasta que el líquido casi se evapore. Agrega los cubos de pan y sazona con sal y pimienta a gusto. Deja enfriar.

Coloque la hoja de hojaldre sobre un trozo grande de film transparente sobre una superficie plana. Cubra con otro trozo de film transparente y use un rodillo para estirar la masa ligeramente para alisarla. Corte la masa en cuartos. Coloque 1 rebanada de seitán en el centro de cada rebanada de masa. Divida el relleno entre ellas, extendiéndolo para cubrir el seitán. Cubra cada una con las rebanadas de seitán restantes. Doble la masa para encerrar el relleno, doblando los bordes con los dedos para sellar. Coloque los paquetes de masa, con la costura hacia abajo, sobre una bandeja para hornear grande sin engrasar y refrigérelos durante 30 minutos. Precaliente el horno a 400 °F. Hornee hasta que la corteza esté dorada, aproximadamente 20 minutos. Sirva inmediatamente.

88. Torta de seitán y patata

Rinde 6 porciones

- 2 cucharadas de aceite de oliva
- 1 cebolla amarilla mediana, picada
- 4 tazas de espinaca fresca picada o acelga sin tallo
- 8 onzas de seitán, casero o comprado, finamente picado
- 1 cucharadita de mejorana fresca picada
- $1/2$ cucharadita de semillas de hinojo molidas
- $1/4$ a $1/2$ cucharadita de pimiento rojo triturado
- Sal y pimienta negra recién molida
- 2 libras de papas Yukon Gold, peladas y cortadas en rodajas de $1/4$ de pulgada
- $1/2$ taza de parmesano o parmasio vegano

Precaliente el horno a 400 °F. Engrase ligeramente una cacerola de 3 cuartos de galón o una fuente para hornear de 9 x 13 pulgadas y reserve.

En una sartén grande, calienta 1 cucharada de aceite a fuego medio. Agrega la cebolla, tapa y cocina hasta que se ablande, aproximadamente 7 minutos. Agrega la espinaca y cocina, sin tapar, hasta que se ablande, aproximadamente 3 minutos. Agrega el seitán, la mejorana, las semillas de hinojo y el pimiento rojo triturado y cocina hasta que se combinen bien. Sazona con sal y pimienta a gusto. Reserva.

Coloca las rodajas de tomate en el fondo de la sartén preparada. Cubre con una capa de rodajas de papa ligeramente superpuestas. Pincela la capa de papa con un poco de la cucharada de aceite restante y sazona con sal y pimienta al gusto. Unta aproximadamente la mitad de la mezcla de seitán y espinaca sobre las papas. Cubre con otra capa de papas, seguida por el resto de la mezcla de seitán y espinaca. Cubre con una última capa de papas, rocía con el aceite restante y sal y pimienta al gusto. Espolvorea con el parmesano. Cubre y hornea hasta que las papas estén tiernas, de 45 minutos a 1 hora. Destapa y continúa horneando para dorar la parte superior, de 10 a 15 minutos. Sirve inmediatamente.

89. Pastel rústico de campo

Rinde de 4 a 6 porciones

- Papas Yukon Gold, peladas y cortadas en cubos de 1 pulgada
- 2 cucharadas de margarina vegana
- $1/4$ taza de leche de soja natural sin azúcar
- Sal y pimienta negra recién molida
- 1 cucharada de aceite de oliva
- 1 cebolla amarilla mediana, finamente picada

- 1 zanahoria mediana, finamente picada
- 1 costilla de apio, finamente picada
- onzas de seitán, casero o comprado, finamente picado
- 1 taza de guisantes congelados
- 1 taza de granos de maíz congelados
- 1 cucharadita de ajedrea seca
- $1/2$ cucharadita de tomillo seco

En una cacerola con agua hirviendo con sal, cocine las papas hasta que estén tiernas, de 15 a 20 minutos. Escúrralas bien y vuelva a colocarlas en la cacerola. Agregue la margarina, la leche de soya y sal y pimienta al gusto. Aplaste las papas en trozos grandes con un machacador de papas y reserve. Precaliente el horno a 350 °F.

En una sartén grande, calienta el aceite a fuego medio. Agrega la cebolla, la zanahoria y el apio. Tapa y cocina hasta que estén tiernos, aproximadamente 10 minutos. Transfiere las verduras a una fuente para horno de 9 x 13 pulgadas. Agrega el seitán, la salsa de hongos, los guisantes, el maíz, la ajedrea y el tomillo. Sazona con sal y pimienta a gusto y esparce la mezcla uniformemente en la fuente para horno.

Cubra con el puré de papas, extendiéndolo hasta los bordes de la fuente para horno. Hornee hasta que las papas estén doradas y el relleno burbujee, aproximadamente 45 minutos. Sirva inmediatamente.

90. Seitán con espinacas y tomates

Rinde 4 porciones

- 2 cucharadas de aceite de oliva
- 1 libra de seitán, casero o comprado, cortado en tiras de $1/4$ de pulgada
- Sal y pimienta negra recién molida
- 3 dientes de ajo picados
- 4 tazas de espinacas tiernas frescas
- Tomates secados al sol envasados en aceite, cortados en tiras de $1/4$ de pulgada
- $1/2$ taza de aceitunas Kalamata sin hueso, cortadas por la mitad
- 1 cucharada de alcaparras
- $1/4$ cucharadita de pimiento rojo triturado

En una sartén grande, calienta el aceite a fuego medio. Agrega el seitán, sazona con sal y pimienta negra a gusto y cocina hasta que se dore, aproximadamente 5 minutos por lado.

Añade el ajo y cocina durante 1 minuto para que se ablande. Añade la espinaca y cocina hasta que se ablande, unos 3 minutos. Incorpora los tomates, las aceitunas, las alcaparras y el pimiento rojo triturado. Sazona con sal y pimienta negra a gusto. Cocina, revolviendo, hasta que los sabores se hayan mezclado, unos 5 minutos.

Servir inmediatamente.

91. Seitán y patatas gratinadas

Rinde 4 porciones

- 2 cucharadas de aceite de oliva
- 1 cebolla amarilla pequeña, picada
- $1/4$ taza de pimiento verde picado
- Papas Yukon Gold grandes, peladas y cortadas en rodajas de $1/4$ pulgada
- $1/2$ cucharadita de sal
- $1/4$ cucharadita de pimienta negra recién molida
- 10 onzas de seitán, casero o comprado, picado
- $1/2$ taza de leche de soja natural sin azúcar
- 1 cucharada de margarina vegana
- 2 cucharadas de perejil fresco picado, como guarnición

Precaliente el horno a 350 °F. Engrase ligeramente un molde para hornear cuadrado de 10 pulgadas y reserve.

En una sartén, calienta el aceite a fuego medio. Agrega la cebolla y el pimiento morrón y cocina hasta que estén tiernos, aproximadamente 7 minutos. Reserva.

En la fuente para horno preparada, coloque la mitad de las papas en capas y espolvoree con sal y pimienta negra a gusto. Espolvoree la mezcla de cebolla y pimiento morrón y el seitán picado sobre las papas. Cubra con las rodajas de papa restantes y sazone con sal y pimienta negra a gusto.

En un recipiente mediano, combine la salsa marrón y la leche de soja hasta que estén bien mezcladas. Vierta sobre las papas. Rocíe la capa superior con margarina y cubra bien con papel de aluminio. Hornee durante 1 hora. Retire el papel de aluminio y hornee durante 20 minutos más o hasta que la parte superior esté dorada. Sirva inmediatamente espolvoreado con perejil.

92. Fideos salteados al estilo coreano

Rinde 4 porciones

- 8 onzas de dang myun o fideos de hebra de frijoles
- 2 cucharadas de aceite de sésamo tostado
- 1 cucharada de azúcar
- $1/4$ cucharadita de sal
- $1/4$ cucharadita de pimienta cayena molida
- 2 cucharadas de aceite de canola o de semilla de uva
- 8 onzas de seitán, casero o comprado, cortado en tiras de $1/4$ de pulgada
- 1 cebolla mediana, cortada a lo largo por la mitad y en rodajas finas
- 1 zanahoria mediana cortada en tiras finas
- 6 onzas de hongos shiitake frescos, sin tallo y cortados en rodajas finas
- 3 tazas de bok choy u otro repollo asiático finamente cortado

- 3 cebollas verdes picadas
- 3 dientes de ajo finamente picados
- 1 taza de brotes de soja
- 2 cucharadas de semillas de sésamo, para decorar

Remojar los fideos en agua caliente durante 15 minutos. Escurrirlos y enjuagarlos con agua fría. Reservar.

En un tazón pequeño, combine la salsa de soja, el aceite de sésamo, el azúcar, la sal y la cayena y reserve.

En una sartén grande, calienta 1 cucharada de aceite a fuego medio-alto. Agrega el seitán y saltea hasta que se dore, aproximadamente 2 minutos. Retíralo de la sartén y reserva.

Añade la cucharada restante de aceite de canola a la misma sartén y caliéntala a fuego medio-alto. Añade la cebolla y la zanahoria y saltea hasta que se ablanden, aproximadamente 3 minutos. Añade los hongos, el bok choy, las cebollas verdes y el ajo y saltea hasta que se ablanden, aproximadamente 3 minutos.

Añade los brotes de soja y saltéalos durante 30 segundos. Luego, añade los fideos cocidos, el seitán dorado y la mezcla de salsa de soja y revuelve para cubrirlos. Sigue cocinando, revolviendo de vez en cuando, hasta que los ingredientes estén calientes y bien combinados, de 3 a 5 minutos. Transfiere a una fuente grande para servir, espolvorea con semillas de sésamo y sirve inmediatamente.

93. Chile de frijoles rojos con especias jerk

Rinde 4 porciones

- 1 cucharada de aceite de oliva
- 1 cebolla mediana, picada
- 10 onzas de seitán, casero o comprado, picado
- 3 tazas de frijoles rojos oscuros cocidos o 2 latas (15,5 onzas), escurridos y enjuagados
- (14,5 onzas) lata de tomates triturados
- (14,5 onzas) lata de tomates cortados en cubitos, escurridos
- Lata de 4 onzas de chiles verdes suaves o picantes picados, escurridos
- $^1/_2$ taza de salsa de barbacoa, casera o comprada
- 1 taza de agua
- 1 cucharada de salsa de soja
- 1 cucharada de chile en polvo

- 1 cucharadita de comino molido
- 1 cucharadita de pimienta de Jamaica molida
- 1 cucharadita de azúcar
- $1/2$ cucharadita de orégano molido
- $1/4$ cucharadita de pimienta cayena molida
- $1/2$ cucharadita de sal
- $1/4$ cucharadita de pimienta negra recién molida

En una olla grande, calienta el aceite a fuego medio. Agrega la cebolla y el seitán. Tapa y cocina hasta que la cebolla se ablande, aproximadamente 10 minutos.

Incorpore los frijoles rojos, los tomates triturados, los tomates cortados en cubitos y los chiles. Agregue la salsa barbacoa, el agua, la salsa de soja, el chile en polvo, el comino, la pimienta de Jamaica, el azúcar, el orégano, la pimienta de cayena, la sal y la pimienta negra.

Poner a hervir, luego reducir el fuego a medio y cocinar a fuego lento, tapado, hasta que las verduras estén tiernas, aproximadamente 45 minutos. Destapar y cocinar a fuego lento unos 10 minutos más. Servir inmediatamente.

94. Estofado de otoño

Rinde de 4 a 6 porciones

- 2 cucharadas de aceite de oliva
- 10 onzas de seitán, casero o comprado, cortado en cubos de 1 pulgada
- Sal y pimienta negra recién molida
- 1 cebolla amarilla grande, picada
- 2 dientes de ajo picados
- 1 papa rojiza grande, pelada y cortada en cubos de $1/2$ pulgada
- 1 chirivía mediana cortada en dados de $1/4$ de pulgada picada
- 1 calabaza pequeña, pelada, cortada por la mitad, sin semillas y en dados de $1/2$ pulgada
- 1 cabeza pequeña de col rizada, picada
- 1 lata (14,5 onzas) de tomates cortados en cubitos, escurridos

- 1 $^{1}/_{2}$ tazas de garbanzos cocidos o 1 lata (15,5 onzas) de garbanzos, escurridos y enjuagados
- 2 tazas de caldo de verduras, casero (ver Caldo de verduras ligero) o comprado, o agua
- $^{1}/_{2}$ cucharadita de mejorana seca
- $^{1}/_{2}$ cucharadita de tomillo seco
- $^{1}/_{2}$ taza de pasta cabello de ángel desmenuzada

En una sartén grande, calienta 1 cucharada de aceite a fuego medio-alto. Agrega el seitán y cocina hasta que se dore por todos lados, aproximadamente 5 minutos. Sazona con sal y pimienta a gusto y reserva.

En una cacerola grande, calienta la cucharada restante de aceite a fuego medio. Agrega la cebolla y el ajo. Tapa y cocina hasta que se ablanden, aproximadamente 5 minutos. Agrega la papa, la zanahoria, la chirivía y la calabaza. Tapa y cocina hasta que se ablanden, aproximadamente 10 minutos.

Incorpora el repollo, los tomates, los garbanzos, el caldo, el vino, la mejorana, el tomillo y sal y pimienta al gusto. Deja que hierva y luego reduce el fuego. Tapa y cocina, revolviendo de vez en cuando, hasta que las verduras estén tiernas, unos 45 minutos. Añade el seitán cocido y la pasta y cocina a fuego lento hasta que la pasta esté tierna y los sabores se hayan mezclado, unos 10 minutos más. Sirve de inmediato.

95. Arroz italiano con seitán

Rinde 4 porciones

- 2 tazas de agua
- 1 taza de arroz integral o blanco de grano largo
- 2 cucharadas de aceite de oliva
- 1 cebolla amarilla mediana, picada
- 2 dientes de ajo picados
- 10 onzas de seitán, casero o comprado, picado
- 4 onzas de champiñones blancos, picados
- 1 cucharadita de albahaca seca
- $1/2$ cucharadita de semillas de hinojo molidas
- $1/4$ cucharadita de pimiento rojo triturado
- Sal y pimienta negra recién molida

En una cacerola grande, pon a hervir el agua a fuego alto. Agrega el arroz, reduce el fuego, tapa y cocina hasta que esté tierno, aproximadamente 30 minutos.

En una sartén grande, calienta el aceite a fuego medio. Agrega la cebolla, tapa y cocina hasta que se ablande, aproximadamente 5 minutos. Agrega el seitán y cocina sin tapar hasta que se dore. Agrega los hongos y cocina hasta que estén tiernos, aproximadamente 5 minutos más. Agrega la albahaca, el hinojo, el pimiento rojo triturado y sal y pimienta negra al gusto.

Pasar el arroz cocido a un bol grande para servir. Incorporar la mezcla de seitán y mezclar bien. Añadir una cantidad generosa de pimienta negra y servir inmediatamente.

96. Hash de dos papas

Rinde 4 porciones

- 2 cucharadas de aceite de oliva
- 1 cebolla roja mediana, picada
- 1 pimiento morrón rojo o amarillo mediano, picado
- 1 papa rojiza mediana cocida, pelada y cortada en cubos de ½ pulgada
- 1 batata mediana cocida, pelada y cortada en dados de ½ pulgada
- 2 tazas de seitán picado, casero
- Sal y pimienta negra recién molida

En una sartén grande, calienta el aceite a fuego medio. Agrega la cebolla y el pimiento morrón. Tapa y cocina hasta que se ablanden, aproximadamente 7 minutos.

Añade la papa blanca, la batata y el seitán y sazona con sal y pimienta a gusto. Cocina sin tapar hasta que se doren ligeramente, revolviendo con frecuencia, unos 10 minutos. Sirve caliente.

97. Enchiladas de seitán y crema agria

Sirve para 8 personas
INGREDIENTES

Seitán
- 1 taza de harina de gluten de trigo vital
- 1/4 taza de harina de garbanzos
- 1/4 taza de levadura nutricional
- 1 cucharadita de cebolla en polvo
- 1/2 cucharadita de ajo en polvo
- 1 1/2 cucharadita de caldo de verduras en polvo
- 1/2 taza de agua
- 2 cucharadas de jugo de limón recién exprimido
- 2 cucharadas de salsa de soja
- 2 tazas de caldo de verduras

Salsa de crema agria
- 2 cucharadas de margarina vegana

- 2 cucharadas de harina
- 1 1/2 tazas de caldo de verduras
- 2 cartones (8 oz) de crema agria vegana
- 1 taza de salsa verde (salsa de tomatillo)
- 1/2 cucharadita de sal
- 1/2 cucharadita de pimienta blanca molida
- 1/4 taza de cilantro picado

Enchiladas
- 2 cucharadas de aceite de oliva
- 1/2 cebolla mediana, cortada en cubitos
- 2 dientes de ajo picados
- 2 chiles serranos picados (ver consejo)
- 1/4 taza de pasta de tomate
- 1/4 taza de agua
- 1 cucharada de comino
- 2 cucharadas de chile en polvo
- 1 cucharadita de sal
- 15-20 tortillas de maíz
- 1 paquete (8 oz) de queso rallado estilo cheddar Daiya
- 1/2 taza de cilantro picado

MÉTODO

a) Prepara el seitán. Precalienta el horno a 160 grados Celsius. Engrasa ligeramente una cazuela con tapa y rocía con spray antiadherente. Combina las harinas, la levadura nutricional, las especias y el caldo de verduras en polvo en un bol grande. Mezcla el agua, el jugo de limón y la salsa de soja en un bol pequeño. Agrega los ingredientes húmedos a los secos y revuelve hasta formar una masa. Ajusta la cantidad de agua o gluten según sea necesario (ver consejo). Amasa la masa durante 5 minutos y luego forma un pan. Coloca el seitán en la cazuela y cúbrelo con 2 tazas de caldo de verduras. Cubre y cocina durante 40 minutos. Da vuelta el pan, cúbrelo y cocina durante otros 40 minutos. Retira el seitán de la cazuela y déjalo reposar hasta que se enfríe lo suficiente para manipularlo.

b) Introduce un tenedor en la parte superior del pan de seitán y sujétalo con una mano. Utiliza un segundo tenedor para desmenuzar el pan en trozos pequeños y desmenuzarlo.

c) Prepara la salsa de crema agria. Derrite la margarina en una olla grande a fuego medio. Incorpora la harina con un batidor de alambre y cocina durante 1 minuto. Vierte lentamente el caldo de verduras mientras bates constantemente hasta que quede suave. Cocina durante 5 minutos, sin dejar de batir, hasta que la salsa se espese. Incorpora la crema agria y la salsa verde y luego agrega los ingredientes restantes de la salsa. No dejes que hierva, cocina hasta que esté bien caliente. Retira del fuego y reserva.

d) Prepara las enchiladas. Calienta el aceite de oliva en una sartén grande a fuego medio. Agrega la cebolla y cocina durante 5 minutos o hasta que esté transparente. Agrega el ajo y los chiles serranos y cocina durante 1 minuto más. Incorpora el seitán rallado, la pasta de tomate, el comino, el chile en polvo y la sal. Cocina durante 2 minutos y luego retira del fuego.

e) Precaliente el horno a 350 grados Fahrenheit. Caliente las tortillas en una sartén o en el microondas y cúbralas con un paño de cocina. Esparza 1 taza de la salsa de crema agria en el fondo de una fuente para horno de 5 cuartos. Coloque 1/4 de taza de la mezcla de seitán desmenuzado y 1 cucharada de Daiya sobre una tortilla. Enrolle y coloque en la fuente para horno con la costura hacia abajo. Repita con las tortillas restantes. Cubra las enchiladas con la salsa de crema agria restante y luego espolvoree con Daiya.

f) Hornee las enchiladas durante 25 minutos o hasta que burbujeen y estén ligeramente doradas. Deje enfriar durante 10 minutos. Espolvoree con 1/2 taza de cilantro picado y sirva.

98. Seitán asado relleno vegano

Ingredientes

Para el seitán:
- 4 dientes de ajo grandes
- 350 ml de caldo de verduras frío
- 2 cucharadas de aceite de girasol
- 1 cucharadita de Marmite opcional
- 280 g de gluten de trigo vital

- 3 cucharadas de copos de levadura nutricional
- 2 cucharaditas de pimentón dulce
- 2 cucharaditas de caldo vegetal en polvo
- 1 cucharadita de agujas de romero fresco
- ½ cucharadita de pimienta negra

Más:

- 500 g de relleno vegano de col lombarda y champiñones
- 300 g de puré de calabaza picante
- Métrico – Sistema consuetudinario de EE. UU.

Instrucciones

a) Precaliente el horno a 180 °C (350 °F/marca de gas 4).
b) En un tazón grande, mezcle el gluten de trigo vital, la levadura nutricional, el caldo en polvo, el pimentón, el romero y la pimienta negra.
c) Usando una licuadora (de mesada o de inmersión), licue el ajo, el caldo, el aceite y la Marmite juntos, y luego agréguelos a los ingredientes secos.
d) Mezclar bien hasta que todo esté incorporado y luego amasar durante cinco minutos. (nota 1)
e) Sobre un trozo grande de papel de silicona para horno, extienda la masa de seitán hasta que tenga una forma vagamente rectangular, hasta que tenga un grosor de alrededor de 1,5 cm (½").
f) Unta generosamente con el puré de calabaza y luego agrega una capa del relleno de repollo y champiñones.
g) Utilizando el papel de horno y comenzando por uno de los extremos cortos, enrolle con cuidado el seitán hasta formar un rollo. Trate de no estirar el seitán mientras lo hace. Presione los extremos del seitán para sellarlos.

h) Envuelva bien el tronco con papel de aluminio. Si el papel es fino, utilice dos o tres capas.

i) (Yo lo envuelvo como un caramelo gigante y retuerzo fuertemente los extremos del papel de aluminio para evitar que se deshaga).

j) Coloque el seitán directamente sobre una rejilla en el centro del horno y cocínelo durante dos horas, dándole la vuelta cada 30 minutos para garantizar una cocción y un dorado uniformes.

k) Una vez cocido, dejar reposar el seitán relleno en su envoltorio durante 20 minutos antes de cortarlo.

l) Sirva con verduras asadas tradicionales, salsa de champiñones preparada con anticipación y cualquier otro aderezo que desee.

100. Sándwich de seitán cubano

Ingredientes

- Seitán asado al mojo:
- 3/4 taza de jugo de naranja fresco
- 3 cucharadas de jugo de limón fresco
- 3 cucharadas de aceite de oliva
- 4 dientes de ajo picados
- 1 cucharadita de orégano seco
- 1/2 cucharadita de comino molido
- 1/2 cucharadita de sal
- 1/2 libra de seitán, cortado en rodajas de 1/4 de pulgada de grosor

Para el montaje:

- 4 panecillos submarinos veganos (de 6 a 8 pulgadas de largo) o 1 pan italiano vegano suave, cortado a lo ancho en 4 trozos

- Mantequilla vegana, a temperatura ambiente, o aceite de oliva.
- Mostaza amarilla
- 1 taza de rodajas de pepinillos encurtidos con pan y mantequilla 8 rebanadas de jamón vegano comprado en la tienda
- 8 rebanadas de queso vegano de sabor suave (preferiblemente de sabor americano o amarillo)

Instrucciones

a) Prepara el seitán: Precalienta el horno a 190 °C. Mezcla todos los ingredientes del mojo, excepto el seitán, en un molde de cerámica o vidrio de 18 x 28 cm. Agrega las tiras de seitán y revuelve para cubrirlas con la marinada. Asa durante 10 minutos, luego da vuelta las rodajas una vez, hasta que los bordes estén ligeramente dorados y aún quede algo de marinada jugosa (¡no las hornees demasiado!). Retira del horno y deja enfriar.

b) Armar los sándwiches: cortar cada panecillo o rebanada de pan por la mitad horizontalmente y untar generosamente ambas mitades con la mantequilla o pincelarlas con aceite de oliva. En la mitad inferior de cada panecillo, esparcir una capa gruesa de mostaza, unas lonchas de pepinillos, dos lonchas de jamón y una cuarta parte de las lonchas de seitán y cubrir con dos lonchas de queso.

c) Unta un poco de la marinada restante en el lado cortado de la otra mitad del panecillo y luego colócalo sobre la mitad inferior del sándwich. Pincela los lados del sándwich con un poco más de aceite de oliva o úntalos con la mantequilla.

d) Precaliente una sartén de hierro fundido de 10 a 12 pulgadas a fuego medio. Coloque con cuidado dos sándwiches en la sartén y luego cúbralos con algo pesado y resistente al calor, como otra sartén de hierro fundido o un ladrillo cubierto con varias capas de papel de aluminio resistente. Ase el sándwich durante 3 a 4 minutos, observando con atención para evitar que el pan se queme; si es necesario, baje un poco el fuego mientras se cocina el sándwich.

e) Cuando el pan parezca tostado, retira la sartén o el panecillo y usa una espátula ancha para dar vuelta con cuidado cada sándwich. Vuelve a presionar con el peso y cocina durante otros 3 minutos aproximadamente, hasta que el queso esté caliente y derretido.

f) Retire el peso, transfiera cada sándwich a una tabla de cortar y córtelo en diagonal con un cuchillo de sierra. Sirva

CONCLUSIÓN

El tempeh ofrece un sabor más fuerte a frutos secos y es más denso y rico en fibra y proteínas. El seitán es más escurridizo que el tempeh porque a menudo puede pasar por carne debido a su sabroso sabor. Como ventaja adicional, también tiene un mayor contenido de proteínas y un menor contenido de carbohidratos.

El seitán es la proteína vegetal menos abundante y la que menos preparación requiere. Normalmente, puedes sustituir la carne por seitán en las recetas con una proporción de 1:1 y, a diferencia de la carne, no es necesario calentarla antes de comerla. Una de las mejores formas de utilizarla es en forma de migajas en una salsa para pasta.

En lo que respecta al tempeh, es importante marinarlo bien. Las opciones para marinarlo pueden incluir salsa de soja, jugo de lima o limón, leche de coco, mantequilla de maní, jarabe de arce, jengibre o especias. Si no tienes horas para marinar el tempeh, puedes cocinarlo al vapor con agua para ablandarlo y hacerlo más poroso.